プロ野球
見えないファインプレー論

仁志敏久

SB新書
324

一見平凡なプレーの裏にも高い技術がある

9回裏の劇的なホームランや、外野へ抜けようかという鋭い打球へのダイビングキャッチに、プロ野球ファンは「さすがプロだ！」と感動し、大きな歓声を送ります。

2015年9月12日の埼玉西武ライオンズ対北海道日本ハムファイターズ戦では、日本ハム1点リードで迎えた延長11回裏、それまでノーヒットだった「おかわり君」こと西武の4番・中村剛也選手が逆転サヨナラ2ランを放ち、劇的な形で勝利をモノにしました。また、同じく7月9日の阪神タイガース対中日ドラゴンズ戦では、中日の森野将彦選手が打ったセンターへの大飛球を、阪神の大和選手が一直線に追ってジャンピングキャッチ。実況アナウンサーは「スーパープレーです！」と絶賛しました。

それらのプレーは、試合結果を左右するビッグプレーであり、チームを救い、ファンを沸かせます。

しかし、野球の試合というのは、派手なホームランや華麗なジャンピングキャッチだけではなく、目に見えない水面下の地道な努力の積み重ねで成立していることのほうが多いと言えます。

例えば、内野手の正面に飛んだゴロは、プロであれば当たり前にできると思われがちなプレーですが、そのゴロを捕った選手が「あらかじめ正面で捕れるように考えて、動いていた」としたらどうでしょうか。つまり、平凡に見えるプレーの裏にもプロだからこそ可能な、プロにしかできない高い技術の蓄積が隠されていることもあるのです。

テレビや球場で観戦しているだけではなかなか見えてこない小さなファインプレーが、それぞれの球場のそれぞれの試合の中に、実はいくつも存在しています。

この〝見えないファインプレー〟の存在を知ることで、これからみなさんの野球観戦は大きく変わり、結果的に今より何倍も野球を楽しむことができるようになるかもしれません。

本書は、野球を愛する方々に、野球の、そしてプロのプレーの奥深さをより知っていただき、一つひとつのプレーを多面的な角度で楽しんでいただければと思い、記しました。

これからお話しする〝ファインプレー〟は、普段みなさんがグラウンドで目にし、大きな歓声をあげるファインプレーとはまた違うものです。

例えば――

試合に挑む前の準備や姿勢といったプレー以前のこと。

簡単に見えるプレーの裏側に隠されていること。

それらは、「打つ」「投げる」「走る」と同じように重要なことであり、プロとしての〝プレー〟を成り立たせるために必要なことです。

華麗なプレーや記憶・数字に残るプレーだけが、野球のすべてではありません。

攻守において、一見平凡そうなプレーにも勝因は潜んでいます。本書は解説者もあまり多くは語らない「見えないファインプレー」に注目し、野手や打者が何を考えながらプレーしているのかを、お伝えしていきたいと思います。

２０１５年12月

仁志敏久

第3章 好プレーはチームで生み出す【守備・チーム編】

第4章 見えないファインプレーの数は得点に比例する【打撃編】

第5章 日頃の「観察」が勝利を呼ぶ【采配編】

第6章 未来への「ファインプレー」

第1章

ファインプレーは準備されている

――プレーの前に選手が考えていること

水面下にある「準備」の大切さ

プロ野球を観戦している方々にはなかなか見えてこない〝プレー〟の一つに、試合に挑む前の選手たちの準備があります。

準備とは、簡単に言えば「自分が考えるベストの状態に出来るだけコンディションを整えておくこと」です。言い換えれば、選手が試合前に出来ることは準備だけ。プロの選手として、その準備にどれだけ意味のあることが出来るかが重要となってきます。そして、その中身は主に「フィジカル」（肉体）と「メンタル」（思考）の二つに大別することが出来ます。

まず「フィジカル」に関する準備ですが、日頃の基本的なウェイトトレーニングが必要なのは言うまでもありませんが、野球に必要のない筋肉をつけて、見た目だけ体を大きくしても意味がありません。むしろ逆効果です。キャンプ中ならともかく、シーズン中に極端に重たいウェイトを持ち上げるということをプロはあまりやりません。

明確な目的を設定し、必要な筋肉を必要なだけつけるための計画的なトレーニングを、先を見越して継続して行うことが重要です。当然ながら、投手と野手では方法が違ってきますし、同じ野手でも人によって鍛えるべき部位は異なります。

そのあたりのノウハウは、ベテランになるほど個々で自分の方法を確立していますし、なかには自費でパーソナルコーチを雇っているケースも、最近では珍しくありません。

ただ、若手選手の場合は、費用などの面でなかなかそうもいきませんので、球団に所属するトレーニング・コーチとカリキュラムを相談し、それに基づいてトレーニング方法を設計していくケースが多くなります。私の場合は、試合前の練習が始まる前に、いわば「準備のための準備」として、数種類のマシンを交互に組み合わせるサーキットトレーニングを毎日行っていました。今はこうしたウェイトトレーニングはほとんどの選手が行っており、そこに手をつけない選手はどんどんおいていかれる傾向にあります。

かつては30歳を過ぎた野球選手はベテランの部類に入り、35〜36歳を過ぎれば引退というパターンが多かったのですが、昨今はスポーツ医科学が進歩し、どの選手も若いうちから理にかなった科学的なトレーニングをしています。そのため、30歳を過ぎたからといって急激に肉体的なパフォーマンスが落ちるということは少なくなっています。以前と比較してプロ野球の選手寿命が延びている背景には、おそらくこうした事情が大きく関係していると言えるでしょう。

特に2015年のシーズン終盤は、40歳を超えるベテラン勢の引退ラッシュが話題を集めました。中日ドラゴンズでは山本昌投手（50歳）、小笠原道大内野手（42歳）、和田一浩外野手（43歳）、谷繁元信捕手（44歳）が引退を決め、さらに北海道日本ハムファイターズの中嶋聡捕手（46際）、オリックス・バファローズの谷佳知外野手（42歳）、東北楽天ゴールデンイーグルスの斎藤隆投手（45歳）、横浜DeNAベイスターズの高橋尚成投手（40歳）、西武ライオンズの西口文也投手（43歳）、そして読売ジャイアンツの高橋由伸外野手（40歳）も現役生活にピリオドを打ちました。2000本安打を記録した選手が3人（小笠原、谷繁、和田）も含まれているのも大きな特徴でしょう。しかも、それでもまだ10人近くの40代選手がNPBには残っているのです。もはや40歳までプレーすることは、日本のプロ野球では珍しくない時代になりました。

また、投手では大谷翔平投手（日本ハム）、藤波晋太郎投手（阪神タイガース）、野手では中田翔選手（日本ハム）や森友哉選手（西武）のように、高卒で入団して1、2年目からすぐに結果を出せるような選手も増えていますが、その背景にも、プロ式のトレーニング方法やスポーツ医科学の浸透などが要因として挙げられるかもしれません。

また、プロ野球というのは、ほぼ1年間野球をやり続け、シーズンに入ればほとんど毎日が試合です。春のキャンプやオープン戦から秋にかけての143試合をこなすのですから、とにかく疲労が溜まります。したがって、筋肉を鍛えることも重要ですが、疲れを翌日に残さないことも同じく重要となります。

つまりは体力の回復と改善。回復とは、疲労物質の乳酸が体外に排出されやすい状態を作ることですから、要するに疲れにくい体に持っていくということです。

そのためには、マッサージはもちろん、疲労回復や熟睡出来るための効果的な風呂の温度や入浴時間、医師と相談して効果的なサプリメントを取り入れることもあります。

春先に元気だった選手が、シーズンの半ばを過ぎたあたりで疲労が蓄積し、動きのキレが悪くなり、これが原因で調子を落としたり、ケガに繋がったりということはよくあることです。出来るだけ疲労を残さず、自分の体をベストに近い状態で維持する。プロの選手にとっては永遠のテーマとも言えることですが、その準備こそが、ファインプレーを生み出す〝見えないファインプレー〟の一つと言えます。

試合前の「頭の整理」が勝利を引き寄せる

次に「メンタル」(思考)の準備ですが、これは言い換えれば試合前の「頭の整理」です。

まず、相手チームの投手が誰であるかによって、それを踏まえて調整して試合に挑むことになります。

スコアラーから届くスカウティングレポートなどを参考にし、これまでの自分への攻め方や、自分自身がどう打ったか、あるいは打ち取られたかを頭の中で整理し、バッティングで気をつけるべきこと、逆にやるべきことなどを、可能な限り拾い出して確認しておきます。行きあたりばったりでいい成績を継続して残せるほど、プロの世界は甘いものではないということです。また、相手の打者の打球方向に関する傾向なども出てきますので、特に外野手はこれを頭に入れて試合に挑みます。

とはいえ、スカウティングレポートには「どうやったら打てるか」などという〝解答〟が書いてあるわけではありませんので、そこから何を読み取れるかが重要です。可能性や確率、傾向といったことを頭に入れながらデータを活用していきます。

例えば、ピッチャーがどんな球種をどの順番にどこへ投げるかというのは、キャッチャーのサインに従っているケースが大半です。つまり、正確には「ピッチャーの傾向」ではなく、そのピッチャーと組んだときの「キャッチャーの傾向」ということが言えます。そのピッチャーをそのキャッチャーが操るとこうなる、その傾向がデータということです。

こうした中で、私の場合は第一打席のシミュレーションをすることが、まずは日課でした。

前日の夜から翌日の先発投手が誰かを考え、そのピッチャーとのこれまでの対戦と第一打席の内容を思い出すのです。

初球、相手がどんな球で入ってくるのか。仮に1球目が真っ直ぐでボールに外れた場合、そのピッチャーは2球目を何でくるか。あるいは、初球ストライクを見逃したら次は何がくるのか。もしくは初球の真っ直ぐを思い切り振ってファウルにした場合、次はどんなボールでくるのか……。そんなことを、前日寝る前から次の試合が始まるまで、ひたすら繰り返して考え、その後の打席に関してはミーティングでのデータを踏まえて考えます。

その中で私がよく見ていたデータは球種の並びです。入り球がストライクかボールによって投じられる次の球。同じ配球を続ける傾向にあるのか？　続けるなら何球までか？　ファールを打った球種は続けるのか？　また、仮にヒットを打った場合、次の打席はどんな入り方をしてくるのか？　そういうことに考えを繋げていきます。

当然、チームとしての狙いもありますので、「この球に気をつけよう」「このあたりに入ってくる球をどの方向へ打つ」といった確認作業も行われます。ただ、スコアラーに任せきりではなく、選手一人ひとりが試合前に出来る限りのことを想定し、「自分はこうしよう」と課題を持って臨むことで、結果的にチームの勝利が手元に近づくことになるのです。

野球を「知っている」とはどういうことか

「この監督（解説者）は野球を知っているね」
「あのチームは野球を知っている選手が多いから強いよ」

こんな表現を耳にすることがあります。私自身もインタビューでよく、「野球に潜む見えない部分」について聞かれることがあります。いわゆる「野球を知っているのかどうか」を試される場面です。

いったい、「野球を知っている」とは、どういうことなのか。ファンの方にとっては、選手の状況判断の良し悪しや、監督の采配の的中率を評価して言うことが多いかと思います。しかし、何をもって「知っている」と定義するかによるのですが、「野球を知っている」というのは俗語のようなもので、厳密な意味で野球を知っている人など、いるわけがないというのが個人的な考えです。

そもそも、野球のゲーム展開など、どう転ぶかわからないものです。また、これから起こることを正確に予測出来る人など、これまたいるわけがありません。

例えば、9回裏無死満塁。守備側の選手に、打者がスクイズをしてくるのか、何もなく打って出るのか、あるいはそれ以外の何かをしかけてくるのかといったことを、100%読み取ることなど、サインがわかっていない限り不可能です。

「絶対にこうすればいい」という鉄則はありません。最低限の陣形を取るということ以外、守備側が特別な狙いを持って準備するのは非常に難しい。もちろん攻撃側にだって絶対に点を取れる方法などあるわけがありません。そもそも、野球に限らず、すべての物事には「理屈」も「屁理屈」も両方あり、どちらが正解ということもありません。言うなれば、どちらも正解になり得るわけです。

ただ、9回裏無死満塁の場合、おおよそのケースでは「ホームで刺すために内野手を前進させる」ということが最低限のセオリーになりますから、そこは考慮に入れることになります。ただし、それも点差によりますし、いろいろなケースもあり、場合によっては確率論から考えて、それが100%正しいとは言えないこともあります。この「確率」と「セオリー」のどちらを取るかは、そのときの判断ということになります。

その判断を下すための最後の要因を理論で説明出来れば「野球を知っている」ということになるのでしょうが、これが実は非常に難しいのです。

年間100試合以上をこなすプロには、野球人として現場で感じる「空気感」や「流れ」

といったものがあります。こういう表現を使うと、非科学的で説得力がないという意見もあると思いますが、実際に理論では説明しづらいものを、ベンチや選手が肌で感じ取り、それにより作戦が決まるといったことが、現実に試合の現場で起こっているのも事実です。

そういった様々な要因をあらかじめ頭の中で整理しておき、試合展開の中で判断を求められたり、観戦して解説を求められたりしたときなどに、理路整然と答えられる、言うなれば「理屈」「屁理屈」に答えられるというのが、結果として「野球を知っている」という他者からの評価に繋がるのだと思います。

今の解説者で言えば、例えば野村克也さんや桑田真澄さんなどのように、目に見えるようで見えないようなこと、つまり「見えないファインプレー」を見抜き、きちんと理論を添えて整然と答えられるというのが、世に言う「野球を知っている」ということになるのだろうと思います。

そのためには、一つひとつのことを曖昧にせず、自分なりに答えを見つけ出しておくという習慣は必要になってくるのかもしれません。というのも、アマチュア野球の指導者の方などを対象に講演や講習会をしていると、とにかくいろいろなことを質問されるのですが、すべてにおいて100点の答えを求めたがるという傾向があります。

「アウトコースの低めの打ち方はどうすればいいか」
「インコースの高めはどう対応したらいいか」
「アウトコース低めを狙っていてインコースの高めにきたら、どうやって打てばいいか」

しかしながら、これらの質問に対する100点の答えとは、現実にはありません。

というのも、「インハイ」と「アウトロー」でまったく次元の異なる打ち方が求められるというわけではなく、ゴルフのように何種類ものバットを使い分けて打つわけでもない。そもそもそれぞれのコースや高さの打ち方、またその対応が全部違っていたら、どんな器用な打者でも対応しきれません。すべては基本的なスイングの変形です。

しかし、アマチュアの方々が的確な答えを求めているのであろうことを理解し、一方で的確な答えはないことを踏まえて、出来る限り望んでいる答えに近いものをわかりやすく説明することを心がけ、多くの方々に納得してもらう。それが、私たち野球人の仕事であり、使命でもあると考えています。

野球には「守り」なんてない

野球というのは、「守備」と「攻撃」の形がまったく異なるという極めて珍しいスポーツです。ラグビーもサッカーも、バレーボールもバスケットボールも、アイスホッケーもテニスも、〈守り〉と〈攻め〉の形は基本的には同じですが、野球は守備と攻撃ではやることがまるで違います。打球をさばいて送球する技術と、ピッチャーの球をバットで弾き返す技術は、まったく次元が異なります。この2つの技術を要求されるのが野球です。

言い換えれば、この両方が出来なければ野球でレギュラーにはなれません。守備が天才的でも、打撃が1割台では試合に出られませんし、逆にホームランを何本も打てても、守備が全然ダメというのでは、DH制のあるリーグでは重宝されても、それ以外では難しい。

まるで性格の異なる2つのスポーツを会得するようなものですから、その意味では野球というのは大変なスポーツだと言えるでしょう。

もっと言ってしまうと、冒頭で「守備」と「攻撃」と記してはいますが、「守っている」という表現が、実は私はあまり好きではありません。実際、よく考えればわかりますが、野球というのは守っている選手が誰一人としていないスポーツなのです。

「守り」あるいは「守備」と言いながら、別に受動的に守り一辺倒になっているわけではありません。むしろ、ピッチャーはバッターに向かって「攻めている」という表現さえします。なかでも最速162km／hのストレートを投げる日本ハムの大谷翔平投手のピッチングなどは、まさに攻めている代表例と言えるでしょう。

また、内野手も外野手も、アウトを取るためにアグレッシブに打球に飛びつく。ピッチャーもバッターも「攻撃」の形や種類が違うだけで、手段を変えてお互いに攻め合っている、いわば全員が攻めているスポーツだと言えます。ルール上、守備側になるピッチャーや野手は、何をしても点が入らないと決められていて、打っている側だけが点を入れることが出来ることから、「守備」と「攻撃」という言葉で便宜的に分けられているだけです。

極端に言えば、守備の側もゲッツーやトリプルプレーを決めたら点が入るというようなルールにすれば、実は野球がどちらも攻撃的であるという実態が浮き彫りになってくるのではないでしょうか。荒唐無稽に思われるかもしれませんが、野球というスポーツはそんな見方も出来ます。

ひょっとしたら、そちらのほうが、よりアグレッシブで面白いスポーツになるのではないか……？　野球を突き詰めて考えるとき、そんなことが頭に浮かんだりもします。

「失敗」は「成功」で上書きする

特にアマチュアの選手に言えることなのですが、練習をしていて失敗をすると大きな声で監督から怒鳴られたりします。ノックでエラーをして怒られ、ファーストへ暴投して怒られ、段々萎縮してしまう。そんなことを繰り返しているうちに、頭の中を支配し始めるのは「次こそは絶対失敗しないように……」という発想。実はこれが諸悪の根源です。

「失敗しないように」ではなく「成功させよう」という考え方を持つべきであり、常にアグレッシブに練習に取り組むことが、上手くなるためには何よりも重要です。

いくら練習で表面的には失敗をしなくても、それは必ずしも実力が向上したとは言えません。たまたま体でボールを止めただけだったり、イメージどおりに捕れなくてきれいに流れが作れなかったり、あるいは握り損ねたものの、運よく送球が暴投にならなかったり、ワンバウンドをファーストが上手く捕ってくれたり。「結果さえよければ」という考えで練習を繰り返せば、上手くなることはありません。

ゴロをさばいてから送球するまでは、動きの一つひとつが繋がって流れを作るのが理想ですが、「絶対エラーをしないように」とだけ考えて捕りに行くと、「捕球するだけ」あるいは「結果的に投げられたらいい」という具合に、動作が一連でなく、流れを欠いた動きになってしまいます。これでは結果的に「エラー」になっていないだけで、守備が上手くなったことにはなりません。基本的な狙いを持ち、またそれに沿った型を持っていなければ成長は難しく、試合で戸惑うことは目に見えています。

飛んでくる打球に対し、「失敗しないためにどうするか」ではなく、「どうしたら早く送球出来るか」「どうしたら成功するか」という考え方を持つことが必要です。

それでも、プロ野球選手でもミスと無縁でいることは出来ません。3割打者と言えども7割は打ち損じているわけですから、野球というのはミスが多い競技と言えます。

どんなにいい選手でも三振はしますし、守っていればエラーもします。走塁ミスで、取れるはずの点が取れなかったというケースもあります。バントをミスすることもありますし、盗塁したらアウトになってしまうこともあります。

試合でミスをしたときに、はたして翌日の試合に向けて、どんな心の対処が出来るか。これも、試合に臨むうえでの「準備」の一つと言えるかもしれません。

「さっさと忘れて気持ちを切り替えよう！」

「くよくよ考えたって仕方ないだろ！」

そう楽観的に考える人もいるかもしれません。実際、そのやり方で解決するケースもあるとは思いますし、それが間違いだというわけではないのですが、個人的な考えでは、ミスはあくまで〝成功プレー〟で上書きするしかないと思っています。

気分転換でパーっと飲みに行き、仲間に慰めてもらって、いい感じで忘れたつもりになったとしても、一人になって寝るときに思い出したりするものです。一番悪いのは、そのミスを引きずって、翌日の試合でまたミスをしてしまうこと。実際、プロでもそういうことはままあります。

ミスをしたという事実は永久に残りますが、選手たちは毎日少しずつ〝信用貯金〟をしています。ミスというのは、その貯金をその日少しだけ使ったということ。言い換えれば、失った分をまた少しずつ取り戻せばいいのです。

私もプロに入る前は、高校野球、大学野球、社会人野球を経験していますので、ミスで試合を落としたら、そこですべてが終わってしまう残酷さも知っているつもりです。ただ、プロはミスをして負けても、翌日当たり前のようにまた試合をしなければなりません。ある意味、これもまた実に残酷なことです。

例えば、私はルーキーだった1996年6月の阪神戦で、延長戦に久慈照嘉選手が打ったサードゴロをトンネルし、これがサヨナラエラーになってしまった経験があります。当時の長嶋監督からは「気にするな。明日からまた頑張ればいい」と慰めていただいたのですが、なんと次の試合でもエラーをしてしまい、自分自身の不甲斐なさを痛感しました。

チームには本当に迷惑をかけてしまいましたが、私自身の野球人生の中で、守備に対する考え方を大きく変えた出来事だったとも言えます。プロとして、ミスのショックを乗り越えて試合をやり続けるには、強い気持ちと高い志を持ち、それを超えるいいプレーをして、勝利に貢献して信頼を得るしかありません。

また、これは野球に限らない話ですが、失敗を忘れては失敗から学ぶことは出来ません。引きずってもダメですが、忘れてもいけないのです。ですから、翌日の試合の準備という意味で言えば、「前日の失敗を忘れない」ことも大事なことです。

そもそも、野球におけるミスとは、どんなものを指すのか。先ほども述べたとおり、いいバッターと言っても打率は3割程度。打数500回のうち350回ミスしても、150回成功すれば「3割打者」として評価されます。

ど真ん中に放られて思わず見送ってしまったり、絶好球を力んで引っかけ、内野ゴロにしてしまったりしたら、それは厳密にはミスと言えるかもしれません。しかし、それは打てなかった事実としての個人の中でのミスであり、直接的に勝敗に絡んでこなければ「おまえのミスだ！」とチームから批判されることはまずありません。なにしろ、誰だって最終的には500回のうち350回はミスをするわけです。

さらに言えば、ゲームを左右するミスを犯したとしても、それがミスとは言えないケースもあります。例えばゴロを捕り損ねて相手チームに得点が入り、それにより負けたとしても、エラーの原因が打球のイレギュラーによるものだとしたら、どうでしょうか。

その事実を理解してくれる首脳陣がいる限り、それはあくまで記録上のエラーであり、事実上はその人のミスではないと考えることも出来ます。

結局、やりようがあったのに出来なかったというのが、一般的に野球で言うところのミスであり、中でも試合の大きな流れや勝敗に関わるミスについては、忘れることなく肝に銘じ、原因を突き止め、次の出場機会に備えるということが、言わば「見えないファインプレー」と呼ぶことが出来るでしょう。

スコアボードには情報が詰まっている

イニングとイニングの間の「プレイボール」がかかっていない状態、あるいはゲーム中のタイムがかかっているときを「ボールデッド」と言いますが、このボールデッドのときに選手は何を考え、実際に何をしているのか？　ここにも隠れた準備があります。

私にとって重要な存在だったのが、実はスコアボードです。両チームの打順や名前、点数、カウント、現在のイニングなどを教えてくれるだけなく、風の強さや方向も、旗の流れでわかります。ピッチャーの球速も出ますし、バッターの打率ももちろん表示されます。

私はよくこのスコアボードを試合のポイントポイントで見ながら、頭の中で情報を整理するのが習慣になっていました。

「次のバッターはあの選手だから、ひょっとしたら代打であの選手が出てくるかも」というように、流れを予測することもあります。情報が整理出来れば落ち着いて試合状況を確認出来ますし、状況への対応能力やプレーの精度が高まることも期待出来ます。

特に、私たちが若手の頃は、どこのチームもレギュラーの顔ぶれ、打順、ポジションがだいたい固定されていたものなのですが、最近はどのチームもメンバーがくるくる変わり、誰が出ているか、瞬時にはわからなくなることもあります。

私は2013年から「侍ジャパン」の内野守備・走塁コーチを務めているのですが、代表チームですから、レギュラーシーズンのように選手と毎日一緒にいるわけではありません。例えばサードコーチャーをしているときなどに、一瞬「このバッター何番だっけ」とわからなくなることも正直あります。

もちろん、打順も守備も頭の中に当然入っている基本情報ではあるのですが、試合に集中しているときに、たまに整理出来なくなるときがあるのも事実です。

特に下位打線については、セ・リーグなら9番にピッチャーがいるため、そこをある種の基点にしながら無意識に打順を把握する癖もついているのですが、DHになってしまうと「打者」ばかりが続くために、「今現在、何番バッターが打席に立っているのか」が一瞬わからなくなってしまうこともあります。

スコアボードというのは、ただ単に点数が表示されているだけの巨大な板というわけではありません。ボールデッドのときなどに、選手が頭の中を整理し、気持ちを落ち着かせて試合に集中するための非常に便利な存在でもあるのです。

事実、シーズン中の試合でも、監督やコーチがピッチャー交代を決めるときなどは、だいたいがこのスコアボードを見ながら相談していたりします。

「今、6回だからまだ3回もあるな」「次の攻撃は8番からか」「では1イニング続投させて次の回で代打」「その次の回から中継ぎのあいつでいくか」という具合です。

もちろん見ないで頭の中だけでも考えることは出来るでしょうが、視覚的に情報を理解しながら整理して考えたほうが、冷静な状況判断が出来るのは当然です。言われてみれば当たり前に思えるかもしれませんが、意識して活用出来ているかというと、当たり前すぎて意外に使えていないことも多いはず。一発勝負のアマチュアの選手たちにとっては、その瞬間の状況判断が勝敗を分けてしまうこともありますから、現役の選手たちには、ぜひ意識して活用してみることをお勧めします。

状況判断のためにスコアボードの中で最も重要視されているのが旗の動きです。どこの球場のスコアボードでも、たいていは国旗やチームフラッグなどがいくつかはためいて、選手はこれにより風の強さと方向を常に確認し合っています。野球は風の影響を最も大きく受けやすい競技の一つですが、その風も、時間とともに大きく変わることがあるので、選手は絶えずそのチェックが必要になります。

例えば、ライトへ強い風が吹いているときに左バッターを迎えたときは、バッテリーは右方向へ長打を打たれるようなピッチングは、極力避ける配球を心がけることが多くなります。さらに、風が強ければ打球も大きく流されますので、どのあたりにフライが上がったら誰が捕りに行くのかを、あらかじめ旗を見ながら選手同士で確認し合ったりもします。

一方バッターは、三振に倒れたときにスコアボードのほうを見上げることがありますが、これは何を見ているのかというと、オーロラビジョンに映されるリプレイ映像です。こうすることで、なぜダメだったのかを確認し、次の打席に活かそうとしているのです。

2000年の日米野球で来日し、私とも個人的に面識がある元名二塁手のロベルト・アロマーから聞いた話なのですが、彼は元メジャーリーガーだった父・サンディ・アロマーから、「ピンチになったらスコアボードを見ろ」と教えられたそうです。

「スコアボードにはすべてが記されている」というのがその理由です。ピンチになったとき、点差や打順、打率、風などの情報をすべて教えてくれるスコアボードをいったん見ることで、冷静さを取り戻して熱くなった頭をいったん整理し、次のプレーに備えることが出来るというわけです。私自身もそれまで、スコアボードを見る癖は自分なりについていたつもりでしたが、この話を聞いて、その重要性を改めて再認識しました。

ピンチのとき、ボールデッドのとき、スコアボードを見上げている選手がいたら、おそらくその選手は情報を整理し、次のプレーの準備に入っている最中でしょう。そういう作業も、「見えないファインプレー」の一つと言っていいのではないでしょうか。

第2章

名手のファインプレーは「見えない」【守備・個人編】

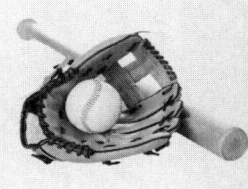

「当たり前の幅」を広げることで名手が生まれる

野手というのは、ファインプレーをして観客を沸かせるよりも、「あいつのところへ打球が飛ばないかな」とファンに期待させるようになることが一流の証だと思っています。また、外野に至ってはホームへ返球してランナーを刺すことよりも、「あいつの肩じゃアウトになる」と三塁コーチに諦めさせ、ランナーを三塁で止まらせるようになることが外野手としての一流だと考えています。おそらくそういう選手は「名手」と呼ばれているはずです。

守備をするうえで、「この球なら絶対に捕れる」「このプレーなら楽勝だ」という可能性の範囲は、選手によって違います。

極端に言えば、真正面の凡ゴロしか捕れない人なら、「当然捕れる」という幅は極めて限られてきますが、難しいバウンドや、外野に抜けようという鋭い当たりを楽々捕ってしまう選手なら、当たり前に出来るという範囲も広がります。

外野手にしても、ホームラン性の打球も楽々追いついてしまう選手と、正面の凡フライしか確実に捕ることが出来ない選手では、当たり前の範囲は大きく変わってきます。

守備が上手い選手とは、この「当たり前の幅」が広い選手のことだと私は考えています。

言い換えれば、上手くなるには「当たり前の幅」を広げていくことが必要となるわけです。

真正面の凡ゴロもファインプレーも、一つのアウトでしかありません。難しい技術を駆使しても、凡ゴロを拾ってさばくだけでも、どちらも同じ「1アウト」です。

極端な言い方をすれば、そのプレーが野手にとって難しかったかどうかは、チームにとっては関係ありません。簡単なゴロでも難しいゴロでも、要は捕ってアウトにしてくれたら、チームとしてはただただありがたいのです。

大飛球を外野手が飛びついて捕ったら、それはファインプレーに見えますが、もしかしたら別のもっと上手な選手であれば、より楽な体勢で、「当たり前」に見える形でアウトに出来ていたかもしれません。どんな球でも当たり前に捕ってしまう選手が名手だと言えます。

難しい球をさばいてアウトにしても、賞賛はされても2つアウトになるわけではありません。周りから見てどう評価されるかではなく、難しい打球でも当たり前にアウトにする。その一つのアウトを取れる幅は、当然ながら広いに越したことはないのです。

そのためには、グラブの位置はこれでいいのか、スローイングの方法はこれでいいのかといったことを、決して曖昧にせずに理解したうえでのプレーも求められます。スローイングが下手で守備が上手いと言われる選手は絶対と言っていいほどいません。

盗塁したランナーをセカンドでタッチする際も、グラブが弧を描くように遠回りしてしまえば、そこにはコンマ3秒、4秒の時間的なロスが生まれます。捕ってからタッチするまでの到達時間は短いほどいいのですから、上手い選手は真上で捕って真下に落とすのです。

もちろん、キャッチャーからの送球にもよりますが、少なくともセカンドの動作としては、「上から下」という直線的な動きが物理的にも一番早い。その動作を出来るのが理想です。それを10回やって10回出来る選手ならば、結果として当たり前のようにアウトに出来るわけです。

余談ですが、このタッチが弱々しかったり、遠回りして下手だったりすると、きわどいタイミングでは「セーフ」と宣告されてしまうことが多々あります。実際、ベテランよりは若い選手のほうが概してセーフにされがちで、私も入団当初は先輩やコーチから、「若いとセーフにされがちだから気をつけろ」と言われたものです。

若手は単純にタッチが下手ということもありますが、ランナーがベテラン選手だったりすると、どうしても無意識に遠慮がちにタッチしてしまい、それが審判の目には弱々しく見えて、瞬時の判断として「セーフ」と言ってしまうのかもしれません。その意味でも完璧なタッチを身につけることは必要ということになります。

いずれにせよ、プレーの一つひとつを突き詰めて技術を磨いていくことで、難しいと感じる幅は狭くなり、当たり前の幅は広くなっていくのです。

バッターで守備位置を変える「ポジショニング」

守備が上手くなるには「当たり前の幅」を広げる必要があることは述べましたが、そのためには状況に応じて守備位置を決める「ポジショニング」が大きな意味を持ちます。

実際、私がジャイアンツでセカンドを任されたとき、「自分は他の選手より下手なんだから、自分にしか出来ない何かを見つけなければ絶対に勝ち残れない」と考え、取り組んだことの一つがポジショニングでした。

結果的にこれが後に認められ、一部のメディアが取り上げてくれたことで一般的に認知もされるようになり、さらにそれが守備に対する自分の気持ちを前向きにしてくれました。今思い返しても、考えてやった甲斐はあったのではないかと思います。

「だいたいこのあたりで守っていればいいか」と単純に考えている選手もプロにはいますが、そうは言っても野球というのは確率のスポーツです。1％でもアウトになる確率が増えるのならば、より確率の高い位置で守るのは当然ということになります。

かつて王貞治さんが現役の頃に、「王シフト」と呼ばれる守備隊形がありましたが、あそこまで極端なシフトではなくても、実際に野手が状況に応じて微妙に位置を変えているような場合が、プロの場合は少なくありません。

プロの中でも「定位置で守っていればいい」という考え方はたしかにありますが、実はこの定位置というのもはっきりしません。というのも、野球で「守備位置はここ」とピンポイントで確定出来るのはピッチャーとキャッチャーだけで、後の7人は「定位置」と呼ばれている場所のあたりを、大まかに守っているというのが本当のところです。

そうした中で、右方向に飛んできそうというデータや自分なりの根拠があれば、普段より少しだけ右で守ったほうがアウトにする確率は増えるでしょうし、少なくとも、まったく飛んでくる気配がない位置で守っているよりは、アウトにする確率は増えるかもしれません。アウトの確率が増えれば、チームが勝つ確率が増えるのは言うまでもありません。

そもそも、バッターというのは一人ひとり特徴が違いますし、ピッチャーが投げる球も違うわけですから、打球の方向も質も変わってきて当然。であれば、漫然と同じところを守っていることには疑問を感じます。

とはいえ、実際にすべての打者に対してポジショニングの正解があるわけではありません。

野手は超能力者ではありませんから、完全に打球の方向を予知することは出来ません。しかし、守っていると打者によって何かを「感じる」ことは出来るはず。この感じ取ったイメージによって、ある程度の位置も自ずと見えてきます。

例えば手始めとして、打球方向の左か右かの傾向から左右を決め、バッターの足の速さで前か後かを決めてみる。これだけでも、何も考えずにいつもと同じところで守っているのとでは、まったく違うはずです。

そして、そのバッターがどんな打撃を普段から理想としているか。それによって、芯でしっかりミートされた場合の打球の方向性が、ある程度は想像出来ます。

簡単に言えば、外野の位置の三方向のどこへ飛ぶ傾向にあるのか。この3つの分類のうち、どの方向を理想としているのかをまずは見極めます。

そのうえで注意して見るべき点はバッターの〝肩のライン〟。両肩を結ぶラインがどんな動きで打ちにくるのかを見ます。肩のラインが開き加減であったり、回転しながら打ちにきたりすれば、当然ながら引っ張り傾向にあると推測出来ます。一方で、センター返し、または右中間、左中間方向への打球が多いタイプはラインは開きもせず閉じもせずとなり、完全に逆方向へ流すタイプは、ラインが閉じ気味で打ちにくる傾向があります。

もちろん、こんな単純なことだけですべての予測が当てはまるわけではありません。あくまでも大きな括りで見てみる場合です。

これ以外にも、その選手の打ち損じはどんなパターンが多いのか、打ち上げるのか、引っかけてボテボテが多いのか、詰まることが多いのか。足が速ければ当て逃げが多いのか、引きつけて打つタイプなのか。さらに、バッターの構えから立ち位置、グリップの位置、軌道、角度……。あらゆる要因がポジショニングの根拠となります。

当然、ここにはピッチャーが投げる「配球」という要素も大きく関係してくるわけですが、実はジャイアンツ時代、バッテリー間のサインがあまりにも複雑すぎて私には理解出来ず、「このピッチャーなら、このカウントでここへ構えたら、この球種だろう」と配球を予測して守っていました。

これらを客観的に見極めて頭の中で重ね合わせながら、守る位置をイメージし、次に打球に対するスタートに神経を集中します。この「観察と集中力」の準備をしておくだけで、実際に打球が飛んできたときの一歩目の反応に違いが出てきます。

実際、ここまで集中していると、ボールが当たる瞬間のバットの角度まで見えますから、どちらの方向へ打球が飛んでいくかもおおよそ見当がつきます。スタンドやテレビで見てい

横浜ベイスターズ時代の著者。ダブルプレーを取るのも一歩目がカギを握る（写真提供：時事通信社）

る限りではわからないと思いますが、一歩目で迷わずにポンッと走り出せるだけで、打球を捕れる守備範囲や捕球に対する余裕に大きな差が出てきます。

あえて言葉にするなら、「今いる場所から飛び出していくようなイメージ」とでも言いましょうか。プレーの成功のカギを握っているのはスタートにあると私は考えています。

さらに言えば、たとえバッターが見逃したとしても、打とうとしてバッターが一瞬動かしかけた体やバットの動きに反応するくらいの集中力が必要でしょう。完璧なスタートが切れれば打球に追いつく確率が増え、早めに捕球体制に入ることで送球までの時間も短縮されます。

さらに、プレーに余裕が生まれるために捕球ミスや送球ミスも減り、結果的にバッターやランナーを封殺する確率は上がってきます。逆にスタートがコンマ何秒遅れるだけで、内野安打にしてしまったり、捕れたはずのゲッツーが取れなかったりということに繋がります。

ぎりぎりのきわどい打球を捕ってしまうような選手を「球際《たまぎわ》が強い」とよく表現しますが、そういう選手は「観察と集中」、そして反応による「俊敏なスタート」を例外なく一歩目に切れていることの証だと言えます。

素晴らしいスタートは、余裕のある捕球と球際の一歩を生み出す。ポジショニングという概念も同様です。目で見て考え、目で見て動く。集中力を持てば、考えるよりも早く体は反応するものです。

「いいところに守っていた」は偶然ではない

また、こうした予測は、一球目や二球目より、やはり球数を多く見たほうが確実性を増すことは言うまでもありません。こちらの頭が冷静になってくるという意味もありますが、球数を多く見ることが出来れば、予測するだけのデータが増えることになります。

例えば、変化球に誘われるように体が前に出されたり、バットが出てきてしまったりすれば、逆に真っ直ぐを打ちたいのだろうということが予測出来ます。反対に真っ直ぐには反応せず、始動や打ち出す動作が遅ければ変化球にイメージを置いているということが予測出来ます。

こういった動作にその選手の傾向を加え、バッターの狙いどおりに打てた場合とその反対の打たされた場合を考え、答えを導き出します。

野球を観戦していて、例えばライナー性の打球がセカンド正面をついてアウトになったとします。

「たまたまいいところに守っていたな！」

「今のはラッキーだった！」

観ている人はそう思うかもしれません。しかし、それはそんな単純な話ではなく、もしかしたらそのセカンドがポジショニングで位置をイメージし、実は一歩目に完璧な打球判断が出来た結果として「真正面」に見えたという可能性は充分考えられます。もしそうであるならば、それはまさに「見えないファインプレー」と言っていいでしょう。

私自身の現役時代のプレーの中にも、そういった例はいくつかあったように思いますが、どうだったでしょうか？　野球をよく見ている目の肥えたファンの方々に、そういった部分を感じてもらえていたら非常にうれしいことです。

「ああ、正面のゴロが仁志に飛んだ」「いいところに飛んだけど仁志はよく追いついたなぁ」というくらいにしか思われなかったかもしれませんが、結構考えて守っていたつもりです（笑）。実際、自分だけがわかっている〝ファインプレー〟が出来たときは、湧き上がる喜びを押さえるのも必死でした。そういうプレーというのは、チームメートにもなかなかわかってもらえなかったりもしますから、観客席から気づくのは難しいかもしれません。しかし、見ていてくれた方々もたくさんいたと思っています。

ちなみに、現役時代に「このバッターはポジショニングが読みにくいな」と感じていたのが、２０１５年シーズン限りでの引退を発表した中日の和田一浩選手。

通常、あのクラスの実績ある選手になると、打球のイメージというのは大方つかめているものなのですが、彼の場合は勝手が違っていました。大きなオープンスタンスでバットを上下に揺らしながらリズムを取り、バットを体に巻きつけるように振り抜く。ポイントは基本的には体の中。独特なフォームと独特なミートポイントが、打球のイメージをつかみにくくしていました。

実際、彼はピッチャーが同じようなコースに同じような球種を投げても、そのたびに違った結果を出す。別の方向へ打ち返したり、違った質の打球を打ち返す。打球の予測やポジショニングという意味においては、非常にやっかいな選手だったのを覚えています。

そういう意味で、これから野球観戦をするときは、野手がどんな動きをしているのかに、ぜひ注目してみてください。「この選手は、試合状況に合わせてこんなに動いていたのか！」と驚くことがあるかもしれません。また、「なぜ、この選手はいつもこんな場所に守っているのか」という、今まで感じることがなかった疑問を持てるようになり、上手い選手が広く守れる謎が結果として解き明かされるかもしれません。ゲームの重要な場面で「確率」と「セオリー」のどちらを選手が選んだのかも見て取れるでしょう。

一方で、ただボーっと守っていただけという場合も、ごく稀にではありますが、まったくないとは言えません……。それは冗談としても、多くのケースでは、プロである彼らが様々な要因を勘案し、考え抜いて選んだポジションで守っています。

完璧なスタートは「角度」がカギを握る

また、ポジショニングによってアウトにする確率を増やすには、打球が飛んでくる「角度」

というものも考慮する必要があります。例えるなら、ちょうどサッカーでゴールキーパーがＰＫを止める際に、ゴールラインを守っているような状態に似ています。

つまり、ゴールラインのような守るべきラインを左右両側にイメージし、超えられてはいけない、またはこの角度で打球に入っていきたいというラインを意識します。実際に両手を広げてみて、どんな角度だったら内野安打にならないかを確認してみるといいと思います。

例えば、両手を真っ直ぐ広げた状態でバッターに向かってみる。そのバッターには打球方向の傾向があるため正対ということにはならず、右側が前になるか、左側が前になるかという角度が出来ます。

セカンドの場合、基本的にはセカンドベース寄りの打球は後ろに追ってしまえばアウトにすることは極めて難しくなりますから、必然的に右側の守るべき角度は肩のラインを超えることはまずありません。逆に左側は少々後ろに追っても大丈夫なので、だいたいは右側がやや前方に左側がやや後方に伸びるラインになります。これに右左、足が速いか遅いかを加えて考え、鋭角に打球に入るのか余裕を持てるのかをイメージしていきます。

例えば左で足が速くて当てるのが上手いとなると右側がもっと前方になり、より鋭角に打球を処理しなければいけません。反対に、足が遅いパワーヒッターなどは極端に後ろに下がれるので、体の前で追いつくところが守備範囲となるために、広く余裕を持って守れるようになります。

このように足が速いか遅いかだけで考えるべきことが変わってしまい、足の速い選手に対しては一瞬のミスも許されなくなります。そのためにもある程度守るべきラインをあらかじめイメージしていれば、躊躇なく打球に入っていけるようになると思います。

その一直線のダッシュを切る準備さえ出来ていれば、おそらく一歩目の早さに違いが出ます。実際には打ってから動き出すまでコンマ数秒の違いでしょう。それでも、打球に到達するまでの時間をより無駄なく短縮することで、ゲームを決めるアウトを一つ取れるかもしれないのです。

ライナー性のいい当たりを横っ飛びでキャッチすることが即ち「ファインプレー」というわけではありません。そんな打球もそうそうくることはありませんので、魅せるプレーとしてはある意味でチャンスだと言えますが、体の届く範囲に飛んできた打球をダイビングしてキャッチすることに、さほどの技術は必要ありません。また、飛ぶべきタイミングの打球がそれなりのところへ飛んできたにすぎない場合も多々あります。

ただ、ポジショニングであらかじめ打球の方向を予測し、インパクトの瞬間に完璧なスタートを切れれば、飛びつく範囲も1歩、2歩は広がるかもしれません。したがって、「ファインプレー」と評価するならば、その対象は飛びついた動きそのものではなく、スタートをするまでの準備にあると言っていいでしょう。

どんなバッターがどんな打球を打つかを想定し、左右のラインを決め、自分がどの角度で動くかをあらかじめイメージしておけば、まったくイメージしていない場合と比較して、一歩目に大きな差が出てきます。それを出来るか出来ないかで、選手としての差も生まれてくることになります。

「緩いゴロ」のさばき方で実力がわかる

意外に思われるかもしれませんが、野手の実力というのは、鋭く速い打球に飛びついて捕るときよりも、むしろ緩い打球をさばいたときのほうが、センスが表れるものです。

というのも、ライナーが飛んできたときの動きの選択肢は、打球の方向に横っ飛びやジャンプする以外、それほど多くありませんが、内野であれば緩いゴロをどうさばくか、あるいは外野であれば中途半端なフライが上がったときにどう対応するかは、いくつもの処理方法が可能性として考えられるからです。そして、一瞬の間にどの選択肢を選ぶかは、その選手の発想能力やアイデアといったものが必要となってきます。

ここで言うスポーツにおける「アイデア」という言葉は、どちらかというと日本ではサッカーで使われることが多いようです。日本代表チームの監督を務めたオシム監督は、「サッカーに最も必要なものはアイデアだ。アイデアのない人にもサッカーは出来るが、サッカー選手にはなれない」と語っています。

まさにそのとおりで、しかもそれは、野球にも同じことが言えると思います。ゴロや中途半端なフライが飛んできたその瞬間に、この状況でどのアプローチを選ぶのが最適なのか。頭の中の引き出しが少ない選手では、起こりうる様々なパターンに正しい選択が出来ないことになります。

簡単に言えば、速い打球でも遅い打球でも同じようにしか突っ込んでいけない野手は、いい選手とは言えません。どんな打球が飛んできても、2、3種類のアイデアでしか対応出来ない選手と、常に5種類、10種類のパターンを持って対応出来る選手とでは、プレーの選択肢、または守れる幅が大きく違ってきます。

守備というのは、捕球が「入口」だとしたら、投げる動作は「出口」。入口もたくさんあったほうがいいのですが、出口はより多いほうがいい。なぜなら、せっかく上手く捕球しても投げる方法が一つか二つでは、結局プレーが遅くなってしまいます。地下街からの出口がたくさんあったほうが、たくさんの人が早く地上へ出られるのと同じことです。送球方法がたくさんあれば、どんな体勢からでも送球に繋げられます。ですから、選手の持つアイデアのバリエーションが緩いゴロによってよくわかるのです。

例えば、トップスピードで追っていったものの、バウンドが中途半端になってしまった。どうやって捕ろうか、捕ったらどうやって投げようかの選択肢が少なければ、自分の出来る方法にわざわざ合わせなければならない。そうなってしまうとプレーは遅くなり、選択肢が多ければ、技術があればアウトに出来たところをみすみすセーフにしてしまう。引き出しをどれだけたくさん持っているかが、内野手の優劣をつける一つの大きな目安になります。

さらに言えば、その判断と行動を頭で考えるのではなく、体が勝手に動いてくれるのが理想となります。空手家の宇城憲治氏の著書『武道の心で日常を生きる―「身体脳」を鍛えて、肚を据える』(サンマーク出版)に次のように書かれています。

「武術における攻防においては、頭で考えてから動作をしては間に合わない。攻防の中では相手に左右されず技が自由に出るレベルまで高めなければならない」

そのうえで、そのようなレベルになるためには、心と技と身体が一つになった状態を作り出す必要があり、その状態を効率のよい動作に導くのが「身体脳」だと説いています。簡単に言えば、敵からパンチをもらっても、頭で考える前に反射的にさばけるくらいにまで「身体脳」を開発する。そのために日々の鍛錬を怠りなくするということです。

野球もそれと同じです。打球が飛んできたとき、頭で考えるより「身体脳」が機能して、体が状況を理解して動くことが究極の理想です。

頭で考えずに体が動くためには、日頃から守備のアイデアを多く想定して準備しておく。そのうえで、必要となるフィジカルな練習を積み重ねておくことが大事だということになります。

日本の野球界、特にアマチュアの世界では、どうしても「基本に忠実」という発想に過度に縛られてしまい、練習でも「基本」以外のことをしなくなり、それ以上のアイデアや発想をあまり突き詰めなくなってしまう傾向があります。

もちろん、基本的な動作は大事なことですが、「基本的なことしかやらない人」というのは、裏を返せば「基本的なことしか出来ない人」とも言えます。野球の動作は、ほとんどが基本的なことからの応用です。確実性はとても大事なことですが、プロの場合であれば、そこから上積みされた枝葉の部分が選手としての勝負のカギ。つまり発想やアイデアを持ち、それを身につけ、またそれを確率よくこなすことが選手としての価値ということになります。

「こんな捕り方はどうだろう」「もっと早く投げられる方法はないか」

私もそんなことばかり考えていました。まだまだ見つかっていない技があると思っています。

一番〝難しい〟ポジションはセカンド

一般的に、身体能力が最も高く、一番上手い野手が守ると言われるショートや、ホットコーナーと呼ばれるサードと比べ、地味なイメージをセカンドに対して持たれている方も少なくないと思います。

ところが、一見地味で「出来て当然」と思われがちなポジションほど、難しさが隠されているものです。

私はアマチュア時代も含めると、サードやショート、セカンドなど、ひととおりのポジションを経験してきましたが、最も難しさが多く含まれているのはセカンドだと思っています。

平凡なゴロをさばいてファーストへ送球することだけを考えれば、セカンドはサードやショートよりかなり楽なポジションです。ファーストへの距離も近いので、送球のすごさで観客を圧倒させる機会はあまりありません。

ところが、二塁ベース寄りの打球を逆シングルで捕る場合などは、ファーストの位置は逆方向となり、送球も体の移動とは逆の動きになりますから、プレーとしては複雑なものとなります。さらに一塁にランナーがいれば、自分を追ってくる形で走るランナーを意識しながら、素早く処理してダブルプレーを狙わなければならない。

一塁ランナーが盗塁すれば、キャッチャーから受けた送球をキャッチし、最短距離でタッチするという動きも求められますし、仮に二塁にランナーが残れば牽制球を処理する仕事も発生します。

また、概して肩が弱くても勤まるポジションと誤解されがちですが、ダブルプレーを成立させるためにはあまり弱肩では務まりませんし、外野の深い位置からの送球を中継するプレーはショートと同様に多いので、現実にはそれなりの肩も求められます。

守備機会が多いうえ、守備負担は高い。事実、メジャーリーグでは、セカンドとショートは「ミドルインフィールダー」(middle infielder)と呼ばれ、守備能力の高い野手が守るという考え方が定着しています。

目立たないながらも、実はセカンドは重要な守備のネジです。セカンドがしっかりしないチームの守備バランスは、必ず狂ってしまうと考えていいでしょう。

しかし、傍目から見れば、細かくて複雑な動きはよくわかりませんから、ほとんどのプレーが「当たり前」に見えがちです。だいたいが捕れて当たり前、刺して当たり前。この「当たり前の幅」を選手たちは求められるわけですが、目立たないが、難しい「当たり前」を求められるポジションが、セカンドというわけです。

守備範囲は広いほど高度な技術が要求されます。どんなに難しい打球でも、難しくないように捕球出来てしまうのは、卓越した技術があってこそ可能となるわけです。そのためには「どうしたらアウトに出来る確率を高められるか」という考察と、それを意識した意味のある練習の積み重ねが必要となるのは当然です。

また、セカンドは他のポジションと比べ、自分の「哲学」が反映しやすいポジションです。バッターが打席に立っているときに、自分なりの哲学にしたがって下がってみたり、大きく左に寄ってみたりと、比較的自由に動くことが出来ますし、ランナーを意識した様々な動きも可能です。

大きく関係してくるのがファーストとの距離で、ファーストとセカンドが物理的に近いため、捕ってから投げて届くまでの時間が短くて済みますから、時間的な余裕がある分だけ、ショートやサードに出来ないことも、出来ることがあるのです。

簡単な例で言えば、三塁線への打球が極端に多いバッターが立ったとしても、ショートがあまりにも大きく三塁へ寄ってしまうと、センター方向が空きすぎることで、守りのリスクが大きくなります。となると、極端なポジショニングで打球を待つということが出来ません。

また、サードもファーストへの距離が遠いために、捕ったらとにかくすぐにファーストへ投げるということ以外、選択肢はあまり多くありませんし、ポジショニングという意味でも自由度は高くありません。その点、セカンドは守備位置を多少下げてみたり、二塁ベースへ寄ってみたりしても、捕球さえ出来れば、おそらくファーストで刺すことは可能でしょう。

実は、セカンドの守りというのは、例えるならキャッチャーのリードと少し似ています。バッターの考えや癖をバッテリーが読み解きながら配球を考え、それをまた、セカンドが理解しながら自分の中で消化し、ポジショニングや次の動きを決めていく。この動きは、他のポジションではあまりないことです。

したがって、自分の工夫がいろいろな形で実現出来るのがセカンドであり、逆に言えば、自分なりの哲学や野球観といった考えがなければ務まらないポジションでもあるのです。

球の捕球やスローイングという物理的なテクニックの中では見えてこない動き。その表面化しない小さな動きを一瞬で、確実にこなす。それがセカンドの難しさであり、面白さであると思います。

セカンドに「哲学」が反映されるというのはそういう意味であり、よりレベルが高いところ（リーグ）へ行けば行くほど、豊かな発想があるかないかで大きく差がついてしまうポジションであると言えます。

そういう意味で、プロとアマで、とりわけ大きく差が出るポジションもセカンドだと考えていいかもしれません。

球界の常識を変えた広島東洋カープ・菊池

今の日本のプロ野球界で、注目すべきセカンドを一人挙げるとすれば、2015年のゴールデングラブ賞で二塁手部門に選ばれた菊池涼介選手でしょう。

粗削りで型にはまらない。セオリーという〝教科書〟にとらわれず、ほとんどセンスだけでやっているようにも見えます。私は彼が日本球界史上でナンバー1のセカンドだと思っています。天性の肩のよさと足の速さに加え、独特の深い位置での守りで驚異的な守備範囲を実現しています。

当然のことですが、深く守れば守るほどゴロに追いつく確率は高まりますが、一塁への距離が遠くなるために送球が遅れるうえ、前に転がった弱いゴロにも追いつく確率が減ってきます。したがって、深く守ることにはリスクが伴い、どのあたりまで下がれるかがポイントなわけですが、菊池選手の深い守備位置には技術への自信が表れています。

広島のホームグランドであるマツダスタジアムは、塁間のアンツーカ（土）の部分を、内野の芝と外野の芝が挟むような形になっているのですが、菊池選手はこの外野側の芝にまで下がって深く守っています。知らない人が見たら、一瞬「セカンドがいない？」なんて見えるかもしれません。

たしかに、セカンドは他の内野手と比べれば、比較的大きい幅で動けるポジションではありますし、私も現役時代に一般的な定位置と言われる場所よりは、かなり下がっていたつもりです。しかし、さすがにあそこまで下がるのには勇気がいります。

非常にリスクを伴う危険な守り方ですし、彼なりに考え抜いてあの位置に決めたのでしょうが、優れた観察と集中力、身体能力がなければ対応は不可能です。そこも含めて菊池選手の力量であり、勇気だと言えます。彼に限っては、ポジショニングと言うよりは「スピード命」と言った感じでしょう。

何より、アウトを取るために「チャレンジ」をするところが、菊池選手と他の選手の大きな違いです。例えば二遊間に打球が飛んだとき、一瞬の判断で「止めてセーフにする」と考えるのと、「アウトを取るために処理しに行く」と考えるのでは、おのずから動きが変わってきます。当然ながら、アウトにするための「チャレンジ」をしたほうが、一野手としての使命をより果たせたということが言えます。

当然、そのためにはいいスタートが求められますし、日頃の練習も必要になってきます。テレビで観ているだけではなかなかわかりづらい部分ですが、そこを意識して出来ている菊池選手とそうでない選手では、現在はもちろん、今後の5年、10年でさらに大きく差が開いていくことになると思います。

ご承知のとおり、2015年の菊池選手は、守備率9割8分8厘でゴールデングラブ賞を3年連続で受賞。菊池選手のポテンシャルはやはり高いと言えるでしょう。

ちなみに、パ・リーグでは楽天の藤田一也選手も非常にいい二塁手で、動きが「打球と調和している」とでも言いましょうか、動き出しから送球までの一連の動きが非常にスムーズで、「入口」から「出口」までの動作に垣根がありません。

なかでも緩いゴロのさばき方に藤田選手らしさが表れていて、打球に突っ込む際にバウンドが合わなくても、常に一定の動きが出来るのが大きな特徴です。

普通は打球との距離感が合わないと、不安感や恐怖感でブレーキをかけたり、止まってしまったりするものですが、藤田選手はずっと同じ一定の流れでプレーが出来、同じ一定の動きの中でどんな打球でも処理することが出来る。調和と一定した安定感が特徴的な選手です。

一方、これが菊池選手だと、メリハリが非常にハッキリしています。緩急のメリハリがあるということは、「急」のときにスピードがあるということなので、その分、前後左右に広く守れるということを意味します。

私が横浜ベイスターズ（現・横浜DeNAベイスターズ）時代に藤田選手に「メリハリをつけたほうがいい」と勧めたこともあります（編注：藤田選手は2005年〜2012年途中まで、著者は2007年〜2009年まで横浜ベイスターズに在籍）。バッターに集中して、バットとボールのインパクトの角度を見て察知し、当たる瞬間にバン！と一歩目のスタートを切っていくイメージでいれば反応も早くなり、打球を追う出だしのスピードも上げることが出来ます。もちろん反応よく飛び出せば守備範囲も必然的に広くなります。

おそらくそれを見て違いがわかる観客の方は少ないと思いますが、いい内野手というのはそういう目に見えない動きを常にしています。

菊池選手に話を戻しますが、決して大げさでなく、彼は野球界の常識を変えた開拓者であり、革命児と言ってもいいと思います。

常識を変える〝スーパーセカンド〟。そんな言い方をしたくなる選手です。

今後、菊池選手のような選手がさらに出てきてくれれば面白い。菊池選手という新しい常識をさらに進化させた選手も見てみたい。野球人としてそんな思いも抱きます。しかし、現在のところあれほど突出した選手はいません。これまでのセカンドのイメージを覆し、日本の野球界を変えていく開拓者のプレーに、今後も注目し、ファンの方々にもたくさん見ていただきたいと思います。

たまに、ショートを守ってはどうかという声も一部のファンから聞かれますが、すでにセカンドに馴染んだ菊池選手に他のポジションをやらせるのは逆にもったいない。セカンドでこそ本領が発揮されると思っています。

2014年の日米野球で、緩いセカンドゴロをグラブトスしてアウトにしたプレーなど、サードやショートでは見ることは出来ません。これからもセカンドとして、さらに技術を磨いていってほしいと思います。

“くたびれ儲け”でも続けるバックアップ

野手が送球を捕り損ねたり、悪送球だったりした事態を想定し、万が一に備えるバックアップ。守備における「隠れたファインプレー」という意味では、バックアップはその典型の一つと言えるでしょう。

必ずやらなければならない割には、ファンの視点からもまったく目立たず、実際に役に立つケースもそれほど多くありません。「万が一のためにやるけど、結果的にやらなくても同じだった」という形で多くは終わります。

しかし、この万が一に備えなかったことでチームが負けることもあるのです。実際、強いチームとそうでないチームとの差は、バックアップという「打球が飛んでこない守備機会」に対して、普段どこまでしっかりと練習出来ているかで決まるとも言えます。

なかでも、セカンドというのは特にバックアップの機会が多いポジションで、例えばサードゴロやショートゴロの際には、必ずファーストの後ろまで走ってカバーします。テレビで野球を見ている方の中には、ゴロのたびにセカンドがそんなことをしていたとは知らなかったという方も多いのではないでしょうか。

しかも、ランナーがいるときは、キャッチャーがピッチャーへ返球をするたびに、セカンド、ショートは毎回、ピッチャーの後ろをカバーしています。キャッチャーの返球が暴投になってしまったら、三塁ランナーがいればもちろんホームイン。二塁ランナーも三塁へ進塁し、「エラーでも内野ゴロでも1点」という危険な状況をさらに生んでしまいます。

とはいえ、実際にはキャッチャーからピッチャーへの暴投など可能性は低いので、くたびれ儲けに終わることがほとんど。しかし、「万が一」が起こったとき、そのときはまさに「隠れたファインプレー」と言うことが出来ます。

また、これも意外に知られていませんが、セカンドやショートは、外野フライのときもバックアップを要求されるケースがあります。例えば、ライトが前進して球際ギリギリの際どい打球処理をする際には、ライトが後逸することを想定し、セカンドがダッシュしてその背後に回ります。これにより、ライトは「逸らしてもセカンドがフォローしてくれる」と思い切った突進が出来ますので、その分だけアウトになる確率が増えることになります。

それと、これはやっている選手は少ないと思いますが、例えば、ライト方向へのホームラン性の当たりがフェンスを直撃し、跳ね返ったボールが転々としているような状態が生まれることがあります。こうした場合、フェンスの際まで追っていったライトが、転がるボールに即座に追いつくことは出来ません。そういうときはセカンドが外野まで走っていき、これをフォローする。したがって、ライトに大フライが上がったときは、内野手も一緒に打球を追いかけるということが求められるわけです。この動きは、ジャイアンツで守備コーチをされていた土井正三さんの教えの一つです。

実際、このプレーに関しては、実は私にはある苦い思い出があります。

入団二年目の1997年のヤクルトスワローズ（現・東京ヤクルトスワローズ）戦で、私は生まれてはじめてレフトを守りました。ヤクルト先発の石井一久投手に対し、当時の長嶋監督は松井秀喜選手以外の全バッターを右打者で揃えるという采配に出たのです。セカンドには元木大介選手が入り、私はレフトへ回りました。

その試合の4回、ヤクルトの池山隆寛選手の大飛球がレフトへ飛んできました。フェンス際でタイミングよくジャンプしなければならない難しい飛球。当然急造レフトの私に上手く処理出来るわけがありません。案の定捕球出来ず、打球はフェンスから跳ね返りレフトの守備位置付近を転々。しかし、バックアップは誰もおらず、打球が放置されている間にランニングホームランとなってしまいました。試合も3対5で負け。その後、あんなケースには絶対にしないと強く思い続け、必要かどうか考えるまでもなく、必要以上にといっても過言ではないくらいバックアップに行くようにしていました。なるべく先の塁へは行かせない。そう思うことがバックアップの基本です。

ライトへのホームラン性の大飛球をセカンドが追いかけていたことなど、多くの人が見ているとは思っていません。また、追って行っても、外野手が捕球出来ればお役はなしになります。もちろんアウトになるに越したことはありませんが。

しかし、こうした地道で目立たない「万が一」の積み重ねを全員がすることで、最悪の事態を防ぎ、勝利の確率を少しでも高めることが出来ます。誰にも気づかれなくても、やらなくてはならないプレー、役割が野球の中にはいくつもあります。

みなさんがこれから野球を観にいって、こういうプレーに遭遇したとき、外野手のそばにセカンドやショートがはたして追いかけていたか。また、ミスがあった周辺にそれをカバーする選手がいたか。そういったところにも関心を持って見てみてください。

ただ、そんなところまでチェックされていると選手はちょっときついですけどね（笑）。

名手は出来ることをすべてやる

どんなに素晴らしいバッターでも4割を超えて打つことは出来ませんし、ピッチャーも1

シーズン通して防御率をゼロに抑えるのは、現実的にはほぼ不可能です。守備率も10割とはなかなかいきませんが、他と比べると近い数字にすることは出来ます。ポジションや守備範囲も関係してきますが、守備で目指すべきところは、最終的にはここではないでしょうか。

というのも、バッターやピッチャーはお互いを「敵」として戦うわけですが、どんなスポーツでもトップレベルであれば100回やって100回勝つことはほぼ不可能ですから、対戦成績を勝率10割で終えることは現実にはほぼ無理です。しかし、守備には捕球を妨げようとする敵がいるわけではないため、打球の強弱、バウンドの大きさという難問が存在しますが、グラブが届く範囲に飛んできたボールをその都度適切に処理出来ればミスにはならないはずなのです。

さらに上を目指すなら、自分のテリトリーに飛んできたボールは間違いなくすべて捕ったうえで、さらに技術を磨いて捕れる範囲を今以上に広げていく。処理能力を高めてアウトに出来る確率をさらに上げていくことで、「当たり前の幅」を広げていくことが求められます。

そもそも、「名手」とは何かという話になるのですが、結論を先に言ってしまえば、名手かどうかは第三者が決めてくれることで、自分で決められるものではありません。

選手に出来ることは、あらかじめ想定出来る準備を怠りなくすべてやり、試合に備えること。どんなに素晴らしい選手でも、プロでは行き当たりばったりでは通用しません。

身体能力が生まれつき高くても、技術が優れていても、正しい状況判断が出来なければ最高のプレーをシーズン通して続けることは困難です。正しい状況判断をするには、やはり準備が必要なのです。

また、当たり前に見られがちですが、日々の練習も重要な準備の一つです。練習で出来ないことが試合で出来るはずはありませんし、練習で出来たから試合で必ず出来るという話でもありません。練習で最低70％くらいは成功するというラインを目安にし、そのプレーを試合で使うかどうかを判断することになります。

一方で、プロで言う練習とは、ただ決められたルーティンをチームメートと漫然と繰り返していればいいという世界ではありません。自分の課題や弱点を見つけ、自分で決めたテーマに向けて、克服するために必要なことを繰り返し反復して練習する。あるいは自分のいいところを自覚し、そこを伸ばすための方法を模索する。つまり、基本的には選手としての自分をよく知ることだということです。

例えば、高いバウンドや緩いゴロ、そういう種類の打球を処理するには、打った瞬間に「どういう打球か」「自分はどう捕球すべきか」のイメージと決断を、頭の中でどれだけ早く出来るかがカギになります。

捕球の狙い目は、一般的には高く弾んだ打球が落ちてきたところ、もしくはショートバウンド。そのための一歩をどう踏み出すべきか、どのくらいのスピードで打球にアプローチしていくべきなのか、そこを瞬時に判断することが求められます。しかし、そういうことは日頃から自分の課題として自覚し、守備練習に取り入れて毎日繰り返さなければ、絶対に上手くなることはありません。試合で突然出来るようになることなど、もちろんありません。

自分を知り、課題を見つけ、それを克服するためのトレーニングを反復する。そういったことは、おそらく野球以外のすべての仕事に通じる話だと思います。

試合前の全体練習はあくまで調整と確認の場ですから、毎日のように行っているとはいっても、そこで上達することは期待出来ません。もちろん考えがあってやっている場合は別ですが。

しかし、一般的には自分一人、もしくは協力者と一緒にやる「個人練習」が重要であり、地道な繰り返しが上達への道です。

プロだからと言って、ある日突然上手くなることはありません。上手くなるには必ず理由があります。そのために時間をかけて必要な練習を繰り返し、イメージする動きを体が当然と感じられるようになるまでやり続ける。それがプロに求められる練習であり、結果的にファインプレーもそこから生まれる。「見えないファインプレー」もそこから始まるのです。

いいグラブには〝いい皺〟が出来る

プロの選手というのは、とにかくグラブの皮質にこだわります。私はどちらかと言うとやや硬めのほうが好きなのですが、まずは硬さ柔らかさと言うよりも〝しっとり〟とした皮質を選ぶポイントにします。手とのフィット感やスムーズな動き、パッと見た感じなど見た目や動き、手との相性などを総合して選びます。

また、ひと言で牛皮と言っても、牛によって皮の癖があります。もっと細かく言えば、牛のお腹の部分なのか、背中の部分なのかで仕上がりは違ってくると思うのです。

また、着色を好む選手もプロにはたくさんいます。しかし個人的には、なるべく皮そのものの素材を生かしたいという思いから、あまり極端な色使いはしませんでした（実際にどれくらい違うのかは定かではありませんが）。

グラブの選び方はプロでなくても同じだと思います。まずは皮質。指で触ってみてしっとりとした潤いがあるものをなるべく選ぶといいと思います。硬く乾いてツルツルとした指で

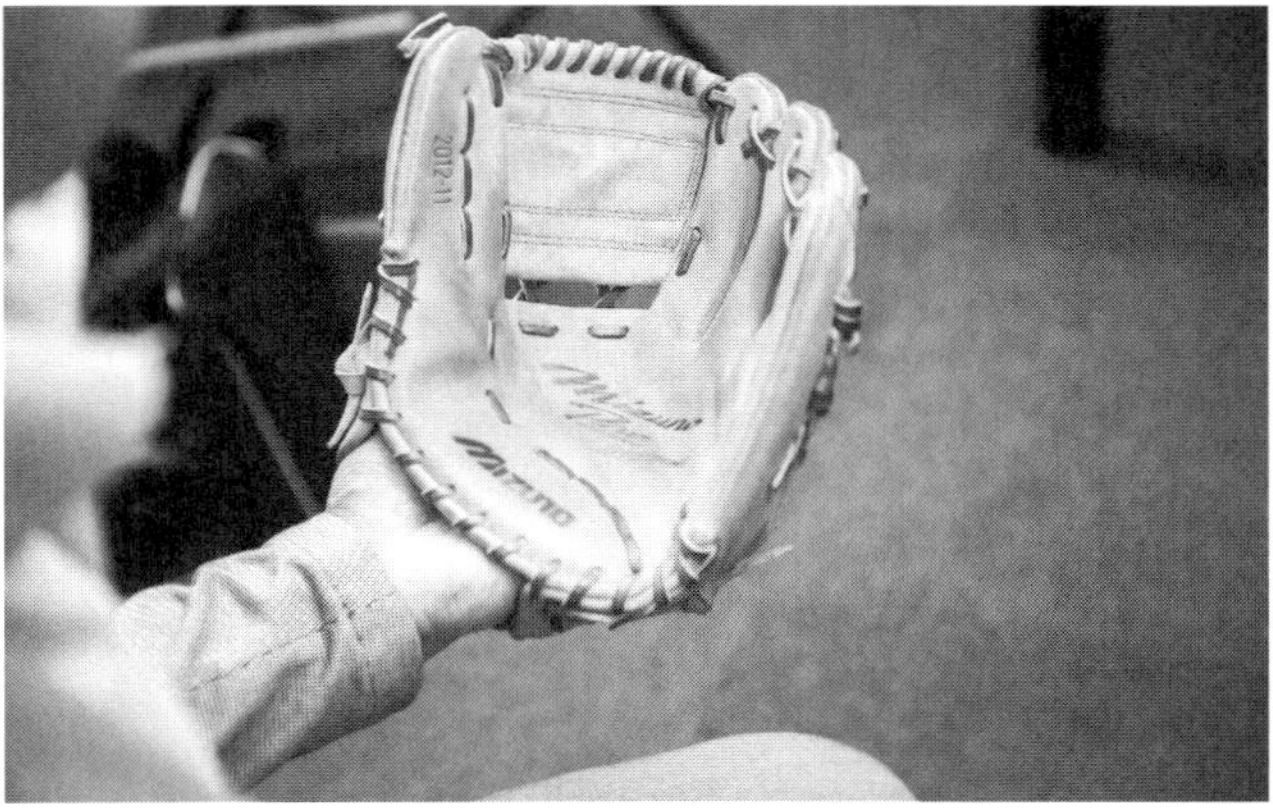

著者のグラブ。いいグラブには新品のときからいい皺がある

こするとキュッキュッと音がするような皮は表面だけでなく、皮全体が硬いため、馴染むのに時間がかかり、相当使い込まないといい形が作れない。結局いいフィット感に持っていくことが難しいのです。

それと、私にとって非常に重要かつ難しい選定ポイントがあります。

「程よく〝いい皺〟があること」

あまりパンパンに張りすぎていると、指が窮屈になるのと、球が弾けて吸いつく感じがなく、柔らかい捕球の感触が得られません。

現役時代、ある名人と呼ばれる方に作っていただいていたグラブには、実にいい感じの皺が出来ていました。皺を作ろうと思っているのかどうかはわかりませんが、名人と呼ばれる方の一品という感じがします。

具体的にどの辺りに皺が出来るかと言うと、グラブの人差指から小指までのそれぞれの付け根の辺り、やや湾曲した部分になります。決して「手のひら」の部分ではありません。むしろ手のひらに出来るのはＮＧです。

また、指の「曲がり」具合についても、これもまた皮の癖がありますので、自分の好みの形に出来ているようであれば最高です。はじめに出来ている皮の癖はなかなか変わるものではありませんから、なるべく新品の時点で自分の意に沿ったものを選ぶべきです。見た目の格好よさや好きな選手のモデルだからというだけで選んでしまい、いざ使ってみたら上手く捕れないということにならないようにすべきでしょう。

最終的には、そのグラブが扱いやすければ大事に使うことになるはずです。当たりはずれと言ってしまえばそれまでですが、もし読者の方の中でグラブの購入を考えている方がいたら、購入する時点でくれぐれもよく吟味して選んでください。

ちなみに私の場合、毎年キャンプの始まる時点で２つ、３つ新しいものを用意してもらっていましたが、見た時点、あるいは手にはめた時点で振り分けてしまう場合が多々ありました。贅沢な話ですが、プロの特権とでも言いましょうか、商売道具ですからその点の選定は厳しくしていました。初期段階でどうにかならないと思ったものは、いくら頑張っても変わりようがないのです。使いづらいものを、わざわざ時間をかけて〝まずまず〟のものに作り上げている暇などありませんし、そもそもそんな必要もありません。自分にとって最高の一品に仕上げるわけですから妥協はしませんでした。

また、プロの選手の多くは、練習と試合ではグラブを使い分けています。

個人的な理念としては、練習でいろいろな捕球の仕方を試していると、どうしても形が崩れてしまい、実際に試合で要求する形からはかけ離れてしまいます。練習で使えば捕球回数は多くなり、汚れる頻度も高くなって弱りやすくなります。汗や雨などで湿ってしまえばなおさらです。

ただ、人によってはその年の練習用が翌年の試合用になるという場合もあります。グラブ作りや使い方に対する考え方は人それぞれではありますが、〝こだわり〟は持つべきでしょう。

私自身のこだわりを言いますと、ある程度は形が保たれていてほしいので、出来ればグニャグニャになるまでは使いたくありません。強い打球に対して負けてしまいそうなのと、形状を上手く利用してプレーに生かしたいという思いからです。先ほど硬めのものがいいと述べたのは、そういう理由です。

加えて言うと、私のグラブはかなり小さめなのでボールを包み込むようにはなりません。しかし、グニャッと閉じきるようには使わないのでそれで充分なのです。通常のゴロなどは当てて右手に持ち替えるだけなのでほぼ閉じませんし、強い打球や送球を捕るときも、閉じきって捕球する必要もないので、ある程度の柔軟性が保たれているほうが都合はいいのです。

グラブを使う流れとしては、前述したようにキャンプに届いたものから選定し、まずはキャッチボールから使い始めます。全体練習でポロポロやっていると示しがつきませんから、目立つ練習では使い込んだものを使用。徐々に使う頻度を高めていって、7～8割の出来になったら実戦に出していき、出来ればオープン戦までくらいには使いたい。やはり実戦には実戦に求められるものがあるので、最終的な仕上げは試合になるというわけです。そして、大方が出来上がる頃に開幕。そんなルーティンを毎年繰り返していました。

ちなみに、作るグラブは毎シーズン一つ。一年が終われば、次のシーズンには新しいものに変えていきます。ただ、もし春先に新しいグラブを試してみて、どうしてもしっくりこなければ、前の年のグラブをバラしてもらい、内側の「手のひら」の部分の皮だけ替えてもらって使うということもありました。外側は形の「フィット感」がいい状態に出来上がっていますので、そこはそのまま変えず、汗を吸ってボロボロになった内側部分だけを交換します。

外側は柔らくなっていても内側の新しい硬さで程よい感触を作っていました。

道具に関して言えば、バットやスパイクも選手によってこだわりがあります。特にスパイクはバットと比べるとあまり目立ちませんが、守備と攻撃の両方で使う唯一の道具です。そのため私の場合は履いた感触、軽さ、土とのグリップ力にこだわって作ってもらっていました。最近ではそれまで主流だった6本刃よりも、より様々な動きに対応出来る9本刃が主流になってきているなど性能が進化しており、選手にとっては選択肢が増えています。

グラブやバット、スパイクというのは野手にとって大事な商売道具。球場で選手が手にする道具を見たら、それは選りすぐった道具なのだろうという思いで見てください。

ファインプレーやホームラン、グランドを駆け回る選手には、そうした結果だけを見がちです。しかし、あっと言わせるプレーの裏には、そういった確かな道具選びがあり、一流の道具を作ってくれるメーカーや職人さんの仕事があるわけです。

一瞬のファインプレーにはそれを作り出すプロセスがあるということ。一人では出来ないところに「影のファインプレー」と呼べるものが隠されています。

第3章

好プレーはチームで生み出す【守備・チーム編】

コンプレックスが選手を成長させる

よほどの天才でない限り、コンプレックスと無縁の選手はいません。そしてそのコンプレックスが、実は選手の成長にも重要な役割を果たします。

私はプロ野球選手としての人生を、守備ではセカンドとして過ごしてきました。結果的になんとか実績を残すことも出来ましたが（編注：１９９９年から4年連続でゴールデングラブ賞を受賞）、振り返ると、「セカンドで通用しなければ行くところがなかった」という、ある意味で追い詰められた事情があったのも事実です。

例外もありますが、セカンドというポジションは、もともとショートを守っていた選手が回り回って行きつくところという傾向があります。どこのチームも内野手として能力が最も高い選手がショートを守り、そこではレギュラーになりきれなかった選手がサード、またはセカンドへ移ってくるというケースが比較的多いのです。

私は、高校時代から大学、社会人の1年目まで主にショートを守っていました。社会人2年目から苦手になってきた守備よりもバッティングに専念出来るようにとサードへと転向。プロでも開幕こそセカンドでしたが、結局守れず1年目はサードが主。2年目も転々とする中、3年目に入る前に「サードでは外国人が来たら簡単に奪われてしまうから」と、当時の守備コーチであった土井正三さんのアドバイスで、セカンドのレギュラーになるための練習が始まりました。

自分の中では外野手のイメージはまったくありませんでしたから、もしセカンドで通用しなければ「もう後がない」という、ある意味追い詰められた状況です。

キャンプでは、土井コーチがマンツーマンで個別特訓。土井さんと言えば、かつてのジャイアンツの黄金期を支えた〝V9戦士〟の一人。名二塁手として名を馳せたことはご承知のとおりです。オリックスの監督を経て、私が入団した1996年から守備コーチとしてジャイアンツに復帰していました。入団以来3年間、特に2年目が終わった秋から翌年3年目の春のキャンプにかけては徹底的に指導をしていただきました。厳しさもユーモアもあり、たまにきついジョークを飛ばす人でしたが、熱心に指導してくださったことは私の財産です。

前述したとおり、セカンドはサードやショートとまったく違います。ゴロの捕り方やベースの入り方、ダブルプレーの取り方など、わからないことだらけ。はじめは「こんなもんできるか！」と苛立ち、投げやりになりそうになった時期がありましたが、土井さんの熱意がいい方向に導いてくれました。

徐々にではありますが、なんとか形になってくると、ある時期を境にグンと自信が持てるようになったのです。それはこんなヒントからでした。

当時の私には、ゴロと言えばとにかく前進し、いわゆる「突っ込んで捕る」、または「正面でしっかり形を作って捕る」という発想しかありません。上手くバウンドを合わせられず悩んでいた私に、土井さんがアドバイスをくれました。

「もしゴロが合わなくてヤバいと思ったら、臨機応変に下がって、バウンドを合わせてもいいんだぞ」

ファーストに近いポジションだからこそ出来ること。他のポジションではそういうわけにはいきませんし、セカンド特有の動きと言っていいかもしれません。この言葉を聞いたときに、行き詰まってこんがらがった頭の中の紐が解けたような感覚を覚えたのです。まさに目から鱗。「なるほどそうか」と思いました。その後「ピョンピョン跳ねるように打球に合わせなさい」というアドバイスもあり、より迷いがなくなりました。

ショートやサードといった異なるポジションを経験していたからこそ、より深く実感出来たということもあるのかもしれません。一つのこだわりが出来るのには手間暇かかるということです。そして一人ではない、自分には強い味方がいると思えたことも大きな要因です。

自分の野球勘にとらわれず、いろいろな人の話を聞き、熱心な指導には一生懸命で応える。そうして野球観は深まりと広がりを作っていくのだと実感しました。

私の守備の出発点は「下手くそ」。

選手が成長するためには、コンプレックスを持ちながら、失敗と少しずつの成功を繰り返し、「なんで俺は出来ないんだろう」「上手い奴はもっと上手に出来るはずだ」そう自問自答を繰り返すことが重要だと思っています。

自分の技術に疑問を持たなければ成長は止まります。スポーツ選手は、現役を退くまで、そうした呪縛から解かれてはいけないのだと言えます。

出来ない理由、ダメな理由を突き止め、「出来ない自分」をしっかりと自覚する。「もっと上手くなれるはず！」そう思う心の強さが必要です。

おおらかで楽観的な選手の中には、「くよくよしない」「気にしない」でいつか乗り越えられると考える人もいますが、気にすべきことは気にする勇気も大事です。

逆に言えば、努力しなくても最初からある程度出来てしまう選手が、一番上達しにくいのです。俗に言う「まあまあ選手」です。どんなスポーツにも共通することですが、ある程度のことが最初から出来てしまえば、さほど疑問も湧いてきませんし、自分が何を補えばいいのかも浮かびません。「まあまあ」からの脱却は、意外に難しいと言えます。そういう傾向にある選手が、はじめは優位に立っていながら、やがて自分より下手だと思っていた選手にあっという間に抜かれていく。そんなケースは野球の世界で数多く見られます。

その意味では、コンプレックスを感じたときが、ある意味では進化のチャンス。自分の弱点を自覚したときから、成長の「伸びしろ」は生まれます。現在活躍しているプロ野球選手の大半は、過去にコンプレックスを武器にし、苦しみながら自らの成長を勝ち取ってきた経験を持っています。

今年でプロ7年目を迎えたジャイアンツの立岡宗一郎選手は、2012年6月に福岡ソフトバンクホークスから移籍してきた直後、左肘靭帯断裂の大ケガを負い、右打者の内野手としての人生を諦め、左打者の外野手へ転向しました。もともとパンチ力がある選手ではありませんし、仮にケガをしていなかったとしても、坂本勇人選手や井端弘和選手らとの内野手争いに勝つのは難しいとの声があったのも事実。実際、2014年の一軍出場はわずか2試合でした。

しかし、2015年のシーズンでは、見事に不動の1番として定着。打率も規定打席未到達ながら3割台をキープし、守りの面でも脚力や高い身体能力を生かしたユーティリティ外野手として注目されています。

彼なりにコンプレックスやケガの苦しみと向い合いながら悩んで努力した結果が今にあるのだと思います。本人としてもチームとしても、また、これまでに彼らに携わった人たちにも感慨深いものがあるでしょう。コンプレックスから逃げずに正面から向かい合い、必死の努力で成長する。こうした選手のプロセスも「見えないファインプレー」の一つと言えるのではないでしょうか。

コーチの情熱が選手を育てる

野球選手にとって、いいコーチとの出会いが野球人生を大きく変化させることがあります。先述したように私にとっては土井さんがそうでした。プロ入りから3年間、守備コーチの土井さんから〝セカンド学〟を教え込まれたことが、プロ生活のすべてだといっても過言ではありません。土井さんには感謝してもしきれませんし、亡くなってしまったことが本当に残念でなりません。

昔ながらの野球人で職人気質、熱い情熱をかけてくれた姿は、引退した現在の指導で大いに参考にさせてもらっています。

私たちが若かりし頃までは、言葉の表現やボギャブラリーが今とは大きく違っていましたから、土井さんの指導もご自身の持っている感覚的なものを情熱的に伝えてくれることがほとんどでした。

特にセカンドというのは、前述したように、プロでもショートやサードから回ってくる選手が少なくないのですから、最初からスペシャリストではない場合がほとんど。そういう意味で、セカンドはコーチが情熱を持って根気よく育てるポジションと言えます。

ちなみに、配球ごとに守る位置を微妙に変えるポジショニングも土井さんからのアドバイスがきっかけ。

土井さんが現役時代に、敵チームのある選手に、こんなことを言われたそうです。

「おまえ、いつも俺が打った打球の場所にいるよな。ピッチャーの頭を越えたところに打ってヒットだと思っても、いつもアウトにされる」

その選手に関して土井さんはある程度確信があったようです。これを機会に「なるほど、俺もやってみようかな」と私も思うようになり、はじめのうちは比較的特徴のある、わかりやすいバッターから守備位置の工夫に取り組みました。

もちろん、それまでも「王シフト」のように、チームごとに作戦として取り組むわかりやすいポジショニングは、どこのチームにもありました。しかし、選手個人のアイデアで打球の方向を予測し、守備位置を変化させるケースはあまり見ることはありませんでした。

この手の記録が残っているわけではないので断言は出来ませんが、ポジショニングを含めた守備能力ということを古くから取り入れた一人に土井さんはいたのだと思います。

すでに少し触れましたが、土井さんの教えで印象的だった一つに「ピョンピョンと弾むように捕れ」という独特の表現がありました。私は打球に合わせることも上手く出来ない下手くそでしたから、バウンドに合わせられずにゴロとぶつかり合うように捕球していました。そんな姿を見て出た言葉。「感覚的な教え」と先に言いましたが、擬音で教えることのほうが「腑に落ちる」場合も多々あると言えます。

擬音の指導と言えば、長嶋茂雄巨人軍終身名誉監督の名前も挙がるでしょう。私が入団したときの監督です。

マスコミはよく長嶋監督の「擬音」での指導を面白おかしく取り上げますが、実はそういう表現のほうが選手にとっては理解しやすかったりもします。私ももちろん指導を受けた一人ですが「バーッと」とか「ビュンと」など、やはり擬音が多かったことを覚えています。

しかし、感想は実にわかりやすい。形で言われるほうがよっぽどわからないことが多いということは断言出来ます。

そもそも、コーチも監督も選手も、言葉にしにくい感覚的な深い部分をみんな持っています。感覚を言葉にする作業はよほど卓越した話術を持っていないと伝わりにくいものです。安易に言葉を駆使して理論立ててしまうと、逆にわかりづらくなってしまうことが多く、教えている側が自分に酔ってしまっているケースが多いこともあります。これは野球に限らないことかもしれません。感覚をほしがっている選手に対して、あまりに理論だけを先行して押しつけてしまうと、最も重要な「選手に伝える」という大事な作業が出来ていないことになります。それでは指導の本分から外れてしまいます。

そのせいか、プロ野球選手に「いいコーチは誰か」と聞かれて出てくる名前というのは、ほとんどが土井さんのように情熱を持ったタイプの人です。独自の理論は持っていますが、かといって典型的な理論派タイプというわけではなく、あくまでも本人の感覚を尊重し、寄り添ってあげることを大事にしている人です。

というのも、選手は全員がプロですから、一人ひとりがすでに理論や哲学は自分なりに持っています。ここにコーチの理論を無理やり当てはめようとしても、一致する確率はそう多くありません。何より、理論を伝えるには、まずはこちらの考えを知ってもらう以前に選手をしっかりと理解してあげる必要があり、そのうえで解決策を考えていかなければならない。指導側の理論など所詮選手へのヒントでしかないと思っていないと、マイナスに作用することも大いにあるのです。

また、私が入団1年目のときの打撃コーチだった武上四朗さんも、実に「情熱タイプ」でした。ヤクルトの監督を数年やった後に渡米し、メジャーのサンディエゴ・パドレスの客員コーチに就任。長嶋さんの監督時代に計5年間、打撃コーチをされました。

現役時代は〝ケンカ四朗〟と呼ばれるほどのヤンチャぶりだったそうですが、私にとっては頑固だけど温かい、本当の意味でいいオヤジ的な存在でした。

キャンプの時期などは、全体練習が終わった後に若手だけ集められ、さらに室内練習場で2時間ほどぶっ続けでバッティング練習をさせられたこともあります。シーズン中でも午前中、試合後と素振りをやらされました。最初から最後まで談笑やアドバイスを交えながら見てくれていました。きついけど楽しい時間でした。

選手というのは、理屈抜きでやらなければならない時期があるというのが、武上さんの持論です。当時の私の性格から考えたら「やってられねえ」となるところですが、武上さん自身も1時間、2時間とつきっきりで一所懸命なので、私たち若手もやるしかないわけです。

実際、反発したことも実はあったのですが、それをいったんは受け止め、それからじっくりと説き伏せてくれる懐の深さは「いいオヤジ」そのものでした。

では、今の球界ではどんな人がいいコーチと言われているのか。真っ先に名前が挙がるのが、2015年から2軍の打撃コーチとしてジャイアンツに招聘《しょうへい》された内田順三コーチ。私たちの世代の大恩師です。

1982年に広島を退団後、チームに残ってコーチを務めた後、1994年から2002年までジャイアンツで打撃コーチをされていました。私はもちろん、松井秀喜選手や高橋由伸選手、清原和博選手、江藤智選手、清水隆行選手などが教え子です。私たちの世代に印象に残るコーチはと聞けば必ず名前が挙がる一人です。

内田さんはコーチとして選手一人ひとりを常に見続け、選手に話しかけ、選手の話しを聞き、熱く野球を語り、ときには笑いでリラックスさせてくれます。いわば選手にとってのよりどころ。よき理解者でした。絶対に選手を見捨てないということも内田さんの信条です。

実はプロ野球選手というのは、「一国一城の主」とも言うべき仕事の性格上、理解者と言うべき存在は意外に少ないのです。そのため、自分の野球を深く理解してくれる人は、非常に重要な存在となります。現役時代にそういうコーチに出会えるかどうかは、プロとして成功するうえでの重要な要素の一つと言えます。選手を育てるのは理論ばかりの指導者ではなく、情熱を持って接してくれる熱い心を持ったコーチなのです。そういう意味では、選手を育てるコーチの指導は、「見えないファインプレー」の一つと言えるでしょう。

「凡ゴロのエラー」で何が起きているのか

プロのレギュラークラスの選手になると、自分の守っている場所へ平凡な打球が転がってきた場合、考えるよりも先に体が動いてくれることが多いということが言えます。

あえて頭の中を文字化するとすれば、「このバウンドならばあの辺りでバウンドのどんなところに入ってグラブのどのあたりに入れて、こんな感じで握り替えて、投げ方はこうする」というような一連の流れが、一瞬パッと頭の中に描かれる。

プロの野手が簡単なゴロをミスすることは確率としてはかなり少ないので、もし簡単そうに見えるプレーでミスが起きたとしたら、もしかすると観客席やテレビで見ては取れない、微妙な想定外が起きている可能性があります。

その場合、まず考えられることは微妙なイレギュラー。現在プロが使う球場は人工芝が多いわけですが、実は意外と打球の変化は起こります。

もともと人工芝は天然芝に比べてボールが跳ねやすく、バウンドした打球が内野手の頭上を越えてしまうほど、大きく跳ねるケースもあります。

また、人工芝の質も現在と20年前のものではまったくと言っていいほど違います。昔の人工芝は毛足が短く揃って絨毯のようで、堅い分だけ打球は速いのですが、変化のある打球にはなりにくく、イメージどおりの弾み方とスピードで向かってきます。

一方、最近の人工芝は改良が進んで毛足が長くなり、天然芝に近いものがほとんどです。しかし、使っているうちに芝はつぶれた部分と立っている部分が出来てしまうこともあり、場所によっては芝の流れが違っているところもあったりします。

打球というのは芝の流れで変化することもありますから、その場の状態によっては打球がわずかに沈んだり、浮いたり、微妙に左右へと方向を変えたり、うねるように進んだりという、複雑な現象が起こることもしばしばです。ただ、それは見ているファンの方々にはおそらくまったくわからないと思います。

ですから、「人工芝でイレギュラーなんて起きるわけがないだろう！」「何やってんだ！」という声が飛んでくるのだと思います。

また、ある人工芝球場では、あるポイントへ打球が飛んで来ると変化をするケースが多い

「魔のポイント」的な場所がありました。芝の目や人工芝が敷かれている下の状態など球場によって原因は様々です。

他チームでも同じようなことを言う選手もいましたので、「やはりみんなそう感じながらやっているんだなぁ」と改めて感じたことがありました。

とはいえ、「だからミスをしました」では当然通用しませんから、そんな警戒心を持ちながら試合に臨んでいるのが通常です。

よく打球が跳ねてバウンドが野手の頭上を越すケースが見られると思います。こういった球場はやはり選手もあらかじめかなり警戒していなければなりません。

ある球場は、約60ミリの芝の根元に、土の代わりに30ミリ程度の柔軟性のあるゴムチップが敷き詰められていて、膝や腰への負担を緩和する効果があるようなのですが、その分だけ反発力が高まり、ボールが必要以上に跳ねてしまうようです。

また、「跳ねる、跳ねない」は別にして、球場によってボールの見え方も違います。例えば照明の明るさや色によって見え方は変わりますし、照明の位置によってもそれは違うでしょう。

また球場が平らでない場合があったり、同じ人工芝の球場でもベース周りの土の部分の大きさが違ったりもします。もちろん土の質だって違うことがあります。

さらに言えば、天然芝の球場と言っても、甲子園のように内野が全面土の球場と、マツダスタジアムやホットもっとフィールド神戸のような内野にも天然芝が敷かれた球場では、打球の処理の仕方や守備位置も変わってきます。

風の傾向も球場によって違い、なかにはＱＶＣマリンフィールドのように風がドラマを生むような球場もあります。

バッターの立場で言えば、バックスクリーンの大きさや太陽の反射に違いがあったり、その周辺のスポンサーの看板なども影響があったりということもあります。

それぞれの球場に特色があり、それを得意とするか苦手とするかで結果も変わってきます。動かしようのないこれらの特色を自分なりに捉え、対策を練っておく。上手く対処している選手は多いのですが、これはプロとしてやらなければならない「見えないファインプレー」です。

とはいえ、プロにとってはあくまでマストなプレーなので、厳密にはファインプレーとは言えないのかもしれませんが、たまに出る目立つものだけがファインプレーではないということ、ファンの方々には日常的なことでもファインプレーの一つと思って評価してもらえると非常にありがたいと思います。

弁解というわけではないのですが、ミスが起きたとき、「もしかしたら自分たちには見えないところで何かが起きたのかもしれないぞ」なんて考えていただけると、プレーしている選手たちも非常に救われると思います。

勝てるピッチャーはテンポがいい

守っていると、投げているピッチャーの特徴がよく見えます。

例えば〝テンポ〟。

ストライクの入り具合でも違ってはきますが、ぽんぽんと投げ込むピッチャーと、いろいろ考えながら投げるピッチャーとが存在します。

簡単に言うと、コントロールがよければ当然テンポはよくなります。勝てるピッチャーの多くはここに該当するものと思います。

一般的にテンポがよいピッチャーの毎球のルーティンというのは、一球の失投やミスにとらわれず、次へ次へと進んでいきます。キャッチャーから返球されてからセットするまでの間合いも短く、無駄な〝ダラダラ〟がありません。野手にとっても、体力や集中力を消耗しないため非常にありがたく、結果的にファインプレーとなるようなプレーも発生しやすくなります。

また、ファインプレーだけでなく、エラーが減ることにも繋がり、攻撃に移る際のリズムもよくなります。

一方、なかなか勝ちきれないピッチャーや負けが多いピッチャー、または援護がもらえないピッチャーというのは、周りを見ずにいつも自分の間合いで、試合の中で上手く調和が取れず、孤立した状態になることが多くなります。

そもそも、野手というのはただ漫然と突っ立っているわけではなく、1球1球ポジショニングを考えたり、打球を予測するなどの準備をしたりと、バットとボールのインパクトに集中しています。投球数だけそれを繰り返さなければならないわけです。当然、投球間が長かったり、投球数が増えたりすれば、集中力や体力を維持することが難しくなってくるのです。

現役時代を振り返ると、桑田真澄投手にしても上原浩治投手にしても、いいピッチャーは投げるテンポも実によかったものです。一度だけキャンプ中、ブルペンでの投球練習で打席に立ったことがあるのですが、キャッチャーから返球が来たらすぐさまモーションに入り、また投球、ということを繰り返し行っていて、あまり考え込まずにぽんぽんとキャッチボールのように投げていたのが非常に印象に残っています。

一方で、2人の実績には届かないピッチャーの投球は真逆。一球投げてはフォームを考え、確かめるようにゆっくりとしたフォームから全力で投げる。歴然とした内容の差にもハッとしたことを覚えています。野手にはわからない何かがそれぞれの投球練習にあるのでしょうが、非常に面白い光景の一つでした。

おそらく考えながら投げているピッチャーというのは、これという自信がないのかもしれません。そのため一球ごとに考え、投球フォームをあれこれチェックし、それから投げている。しかしそういうピッチャーほどコントロールが定まらないため、また考える。その繰り返しなのだろうと思います。

一方で桑田投手や上原投手は、キャッチャーからの返球を捕っては投げ、捕っては投げといった勢いで投げ続けているわけですが、迷いがないのでコントロールが素晴らしい。自信や実績だけの話ではなく、やるべきことやその日の狙いなども明確に持っているということの表れだとも言えるかもしれません。

時間をかけているピッチャーが1球投げる間に、桑田投手や上原投手は2球も3球も投げているようでした。同じ投球数でもかかる時間はかなり違うのだろうということが一目でわかります。

特にメジャーリーグでは近年、主に若年層のファン離れを食い止めるため、試合時間の短縮を最重要課題に掲げています。攻守交代は、全米中継がある場合に2分45秒（ローカル中継の場合は2分25秒）以内にしなければならず、うち残り30秒までにピッチャーは投球練習を終えていなければなりません。ピッチャーがキャッチャーからの返球を受けてから投球しなければならない時間は20秒以内です。

一方、日本人のメジャーリーガーは、上原投手を除いて総じて投球間隔が長いと指摘されており、どのピッチャーも平均25秒前後から30秒近くかかっていると報じられています。

今後、日本を飛び出してメジャーへ挑戦するピッチャーはますます増えていくことが予想されます。その選手たちが海外で成功するためにも、テンポのいいピッチングと制球を身につけることは、欠かせない要件の一つになってくるかもしれません。

ただ、その一方で、日本のプロ野球がメジャーのように、試合時間を短縮することだけに汲々としてほしくないというのも正直なところです。

２０１５年２月に熊崎勝彦コミッショナーがゲームオペレーション委員会を立ち上げ、翌3月には「試合時間を前年平均の3時間17分から3時間以内に短縮にしたい」と発言されました。

しかし、「野球は間《ま》のスポーツ」と言われるとおり、単純に短くすればいいという競技ではありません。粘ることを身上とするチームもありますから、試合を淡白にすることも「野球」という文化では難しい。何より、野球というゲームの中で実際にボールが動いている時間は20分程度だとも言われています。現段階で短縮方法はおそらく見当たらないでしょう。平均で17分縮めるというのは相当な無理が出てくると考えられます。

もちろん、遅延防止の注意喚起を選手にしていくことは大事ですが、高校野球のように全力疾走で攻守交代するのがプロの目指すところとも思えません。

メジャーがメジャーなりの哲学で試合短縮を目指すのは私たちが口出しすることではありませんし、そのメジャーへ挑戦する日本人ピッチャーが、現地に適応することは方法論として必要です。

しかし、だからといってむやみに時間短縮を掲げ、早くしろと急かすことがいいことだとも思えません。ファンが求めているのは、中身の濃い試合とファンサービスであり、何がなんでも3時間に納まるような淡白な試合を見て楽しむファンは少ないのではないかと思っています。

普段と違うポジションでノックを受ける意義

前の章で、「全体練習で伸びることはない」と述べましたが、誤解のないように補足しますと、それはあくまで原則論です。「目標へと進歩するには個人練習をしてでも課題を克服、または進化することが必要」という意味であり、全体練習でも最低限出来ること、やるべきことは当然あります。もちろん、よく考えながら練習に取り組めば進歩することも出来ます。

例えば、みなさんが球場に足を運び、試合前のチーム練習を見ているとき、いつもと違うポジションでノックを受けている選手がいたとしたら、それには歴《れっき》とした意味があると考えてください。ふざけて遊んでいるわけではありません。

現役時代の桑田真澄さんは、ショートでノックを受けることが日課でした。もちろんこれにも意味があります。

ピッチャーというのは、本来マウンドから大きなフォームで投げるのが仕事。そのため小さく早く投げるということがおろそかになり、やがてそれを苦手としてしまうピッチャーもいます。また、投げるだけでなく、ゴロをさばくことも試合ではあるわけですから、ゴロ処理も身につけておかなければならない。しかし、「そんなことはわかっている。だからピッチャー全員でやっているじゃないか」という選手がほとんど。しかし、桑田さんは個別にもやっていた。

これは「プロ意識」というひと言に尽きます。

フィールディングに自信があったからやっていて楽しいという思いも桑田さんにはあったのかもしれませんが、それも〝ただ投げるだけのピッチャー〟にはなりたくないという思いからのようです。「ピッチャーも投球後は野手の一人」と常々仰っていたのを覚えています。

長年ピッチャーをやっていれば小さな動きも得手不得手が出て来るでしょう。ピッチャーには一見必要なさそうな小さなスナップスローも、結果的には「ここぞ」という場面で自分自身の役に立つ。その思いからの発想だと思います。人を見て、自分を見て、やらなければいけないことは何なのか。そう考えての練習だと私は理解しています。

桑田さんと言えば、ゴールデングラブ賞を投手としては史上最多タイの8回も獲得するなど、守備のうまさにも定評がありました。苦手なプレーがあったとしても他のピッチャーと比べれば、はるかにうまかったはずです。それでも自分のプレーの中で弱点を見つけ、それを克服するための練習を繰り返していた。人との違いがある人は、人よりも先を行き、違うことをするのだと思わされたことの一つでした。

同じように、元ヤクルトの古田敦也さんも、試合前に内野手に混ざってよくノックを受けていたのを覚えています。古田さんと言えば日本を代表するキャッチャーの一人でしたが、キャッチャーは二塁や三塁へ送球する際にスナップスローで投げるので、そのあたりの感覚を自分なりにつかむために、内野手と一緒にやっていたのだと思います。

また、内野手なのに外野を守ってノックを受けている選手なども見かけることがあります。おそらくこれなども、いつもより広く、大きく動いて守ってみることで、視覚的にも感覚的にも、内野の守りに活かせるものがあるとの意識からです。

私も現役時代、試合前の練習では他のポジションでノックを受けるようにしていました。サードでは距離のあるスローイングまでの流れを上手く作り、大きく体を使って投げる。ショートでは、広く守り、距離のあるスローイングをなるべく小さく早く、そして強い送球が出来るように心がける。そして、本来のセカンドのポジションに戻り、サード、ショートの要素を動きに加味させながら打球を処理する。同じ内野でもポジションによって動く方向や捕り方、投げ方に違いがあります。

特に、セカンドはファーストが近いため、すべての動きがだんだん小さくなり、スローイングも横着になってしまいがちです。いろいろな要素が備わっていればそれだけ対応出来る幅も増えます。一つの理念や理論にあまりにも固執しないようにというのも理由の一つ。多くのことが出来てはじめて、一つ際立つものが出来るのだと思っています。

例えば、ピッチャーから野手に転向して成功する例が数多くあります。これはやはりもとの肩の強さがあるためスローイングがいいということがまず言えます。

現役で言えば、ジャイアンツの村田修一選手などはその一人でしょう。彼のサードとしての守備力はキャッチング、スローイングともに定評があります。東福岡高校時代のポジションはピッチャー。3年の春夏と甲子園に出場し、1998年のAAAアジア野球選手権大会では、ピッチャーとして最優秀防御率（0・00）を記録して優勝に貢献しています。もしかしたらピッチャーでも結構いけたのかもしれません。それくらいの逸材だったということは間違いないところだと思います。

例を挙げればキリがありませんが、いろいろなことが出来るということが最終的には武器になるということです。

また、いわゆる「アメリカンノック」というのもなかなか面白い練習です。

アメリカンノックは、ライトとレフトの間を走りながら打球を追うという単調な練習です。もちろん技術練習ではありません。どちらかというと体力的な要素を持つものです。

簡単に言えばただ走る練習よりは、ボールを追いかけながら無意識に全力で結構な距離を走らなければならない。自分の意思で走っていると、どうしても無意識に制限をかけてしまうためにボールという目標を作るのです。この練習は結果的によく走り、よく息が切れる。体に刺激を与えるようなことが目的と言える練習です。ワイワイ盛り上がりながら出来るところもいいところと言えるでしょう。

逆の打席で打つ練習

打撃全般については次の章で詳しくお話ししますが、違った要素を自分の練習に取り入れるという点では、打撃練習ではどうでしょう。まず多いのは逆の打席で打つこと。右打ちなら左で、左打ちなら右で打つのです。

これはいつも一定方向にしか回転をしないために体がそちら方向にばかり動くことで逆方向の動きがしづらくなる、または体の動きやすい向きが出来てしまうのを防ぐという意味で、いわば体のバランスを保つことが目的です。特に右投げ右打ち、左投げ左打ちは常に一定方向にしか体を回転させないため、よりその効果を必要とします。

また、反対と言えば「自分が試合の中でよくやる傾向の反対のことをする」というのもあります。

例えば、引っ張る傾向の強いバッターであれば、練習では逆方向に打つ。逆に、試合では粘ってコツコツ当てるタイプの選手が、練習では強く振って遠くへ飛ばすという場合もあります。

コンタクトヒッターで知られるイチロー選手が、試合前の打撃練習ではブンブン振り回して、柵越えをポンポン飛ばしているのは有名な話です。

試合になればどんな難しい球にもついていく器用さを発揮しますが、はじめからそういうバッティングを目的とはしていないということの表れとも言えるかもしれません。

一般的に考えて、初球から逆方向にちょこんと合わせて打つバッターはほとんどいません。イチロー選手だって強く打つことを目指して打ちに行きます。

しかし、勝負の中でボールにアジャストしに行きながらコンタクトした結果が合わせたような打ち方になる。イチロー選手の場合、アジャストする能力が高いためにそういったバッティングが多くなります。ですから、どうしても振ることが少なくなってしまうというのもあるでしょう。そして、イチロー選手の中でも、基本は振るということを意識していることでもあると思います。試合のようなバッティングを練習から繰り返していれば、イチロー選手のプレースタイルは変わっていたかもしれません。普段強く振っているからこそ、幅広いバッティングが出来るのだと思います。

こういった逆の動きをすることで、体や気持ちの感覚を本来のあるべき状態へと戻し、いつものスタイルを確立します。

試合に備えるうえでの大事なルーティン

試合でずっとやり続けている動きを練習でも繰り返してしまうと、どうしてもそちらの方向にフィジカルが傾いてしまい、動きの偏りが悪い結果を生んでしまうということもあります。あえて逆に動くことで、左右のバランスを整えたり、あえて逆の結果が出るような練習を取り入れたりすることでパフォーマンスを保つのです。

メジャーでも、右投げのダルビッシュ有選手が練習で左投げをよくやっています。何年か前にアメリカのメディアからも注目され、2012年に米FOXスポーツが「なんのために左で投げているのか」と本人に聞いたところ、「通常のキャッチボールの後に左で投げている。体の左側も使ってバランスを整えるため」と答えています。ちなみに、当時の報道によると、彼は左でも「130km／hくらいは出る」と答えています。左投げでの調整をずっと続けているということの証とも言えるでしょう。

こういったことは「上達するための練習」というよりは、あくまで「調整」の部類。行っている選手たちにとっては試合に備えるうえでは大事なルーティンでもあるのです。

いずれにしても、こうしたトレーニングは日本でもやる選手が徐々に増えています。最近ではカリキュラムとして一般化されつつあるようで、チームによっては、若手のキャッチャーが揃って三塁でノックを受けているような光景も珍しくありません。

「変わったことをする練習には必ず意味がある」

もし、球場で「おや？」と思える珍しい練習風景を見かけたら、ぜひそういう視点で見ていただきたいと思います。どんな意味があるのか考えながら見ることは、野球をより楽しめる一つの材料になるでしょう。

ファーストの元木選手と激突してしまった理由

前述したように、私は相手のバッターの見逃し方やファールの打ち方、その選手の打球の方向や角度などの傾向を考え、バッターがどんな球種をイメージし、どの方向へ打とうとしているのかなど、相手を見るということに集中して守っていました。それにより、守備位置を決め、放たれた打球へのスタートに集中して備えていました。

また、突拍子もないようなことを考えながら、有事に備えるということもしていました。例えば、先に少し触れましたが無死一、二塁。ここで「どうしたら一気に終わりに出来るか？」というようなことを考える。要するにトリプルプレーを取るには、どんな打球がくればいいのか。いくつか案を考え、打球がどこへきて、自分はどう動けばいいのかをシミュレーションする。

別にふざけているわけではなく、その場のピンチを切り抜ける最善策と言えるプレーでもあるので、もしチャンスが来たらやってやろうという気構えを持つのです。

あるいはダブルプレーにしても、ランナーを今より進めないためには、サードとセカンドでフォースアウトにしたほうが本来はいいわけですから、それにはどういう打球で、どんなシチュエーションが必要なのか。そんなこともよく考えます。

また、セカンドである自分の近辺の選手の位置も確認し、把握しておきます。周りとの距離感を知ったうえで動くことは非常に重要なことで、自分が大きく動くときは出来るだけ周りにそのことを伝え、周りが動いているかをよく見ておくということでそれぞれのポジションとの距離感が上手く保てます。

例えば、極端に二塁ベース寄りに守りたいと考えた場合などは、一、二塁間が大きく開くことになりますので、ファーストに「自分はこっちにいるぞ」と伝えておく。お互いに動いていることはわかってはいるのですが、ときには気づかなかったり、お互い精神状態によっては気が回らなくなったりしています。動いた意図も知っておく必要があるので、随時確認を怠らないように気をつけるべきです。守りが得意か苦手かでも気持ちの余裕が違いますから経験のあるほうが気を遣ってあげる、または、動けるほうが気を利かせるなどというバランスも必要です。お隣同士、気を配り合える関係でいたいものです。

私のジャイアンツ時代の周辺ポジションには、そんな選手がそろっていました。

ファーストは清原和博選手。私自身がよくポジション内で位置を変えるので、清原さんからは「お前のポジションはよう見とかなあかんわ」とよく言われていました。それだけこちらを気にしてくれていたという証拠です。

ライトは名手と言われた高橋由伸選手。その高橋選手とはある決め事がありました。

お互いの間に飛んだ打球に関して、追いながらお互いを見る、目も合わさずにどちらかが追っていた場合はその選手が捕る、目が合った場合はおおよそこちらが捕るなど。場合によっては目が合って、自信がなさそうであれば逆の選手が捕りにいくということもありました。

そんな選手と組めるのはおそらくめったにないと思います。組むことで自信を持って守れる選手でした。

そんな高橋選手が怪我をして欠場中の試合で、こんなことがありました。

2003年4月の試合でのこと。相手は阪神。4回表の守りの場面で、ジョージ・アリアス選手が右翼ファールグランドへフライを打ち上げた。そこは普段なら誰も捕りに来られない場所。私は必死に打球を追い、もう少しで打球に追いつくというところで飛び込もうと準備をした。

しかし、同じ考えを持って打球を追ってきた選手がもう一人いました。その日ファーストを守っていた元木大介選手です。元木選手も「あそこには誰もいない。自分が行かなければ」と必死に追ってきた。私も元木選手も外野に向かって追っているため、お互いの姿は視界には入らない。そして、元木選手はとうとう打球に追いついた。追いついて捕球した瞬間、飛びつこうと準備をして勢いをつけた私と衝突してしまったのです。

一瞬、何が起こったのかわからず、目を開けると目の前には元木選手が倒れ、痛みに呻いている。お互いすぐに状況を理解し、「大丈夫か」と声を掛け合いました。しかし、すぐには動けず、元木選手は担架で運ばれ、私はトレーナーに支えられながら立ち上がり、そのまま救急車に乗って病院に行きました。

検査の結果、私は胸や肩などの打撲と足首の捻挫。ただ、翌日には試合になんとか出られる程度でした。一方、元木選手は肩鎖関節の脱臼により長期離脱をすることになり、代償は大きなものとなってしまったのです。

実はこのプレーが起こったのにはわけがありました。

この日、ライトを守っていたのは打力重視で不慣れなポジションを任されたロベルト・ペタジーニ選手。もちろん高橋選手と比べれば守備範囲は大きく違います。そのためフライが上がった瞬間「絶対にペタジーニは追いつけない」と思ってしまったのです。それが悪いということではないのですが、その使命感が元木選手にも湧いてしまったということが事の始まりでした。

元木選手は本来、内野のユーティリティとしてどこでも守れる選手。一般的なファーストの選手に比べればはるかに動けます。ですから、捕るには難しい位置まで追ってこられたのです。

しかし、私の中でファーストはここまでは来ないという認識がありました。したがって、自分しか捕れないと思い込んでしまった。結果的に二人の「俺がやらなければ」が事故の原因だったということになります。

こういう危険は、野球をやっていると常につきまといます。ここ最近の「激突」で言えば、2014年の開幕3戦目にあたる巨人×阪神戦で、阪神の福留孝介外野手と西岡剛内野手が、ジャイアンツの大竹寛選手が打った打球を追って激しくぶつかり合い、西岡選手は右肘内側側副靭帯損傷で、3カ月近く戦線を離脱する形になりました。

福留選手も無理を押して試合に出続けましたが、しばらくは走り込めない状態が続き、本当に動けるようになったのは夏くらいからだったと聞いています。この年の6月には2軍落ちも経験しています。

野手というのはアグレッシブな人もいれば、消極的な人もいます。特に外国人はその日の気分でプレースタイルが変わったりします。「俺、フライ苦手だから間に飛んだら頼むぞ」と言っていながら、打って気分がよかったりすると、頼むぞと言っていたフライに突っ込んできたりします。

お互いの動きだけでなく、性格まで知っておけばより上手く守れるかもしれません。相手を知ったうえで守るということも「見えないファインプレー」と言えるでしょう。

第4章

見えないファインプレーの数は得点に比例する【打撃編】

打順を突き詰めて考える

どのような打順が最も合理的で機能的か。その究極の答えというのはありません。誰の考え方が絶対的な正解とも言えないでしょう。そのチームに合ったオーダー。それが当たり前のことですが答えです。しかしそれがなかなか難しい。

一般的には、トップバッターには力強さというよりも打力と出塁率を求める。2番は打力がないけど小技のきく選手、そして3番と4番に強打者がくるというのがおおよそ誰もが考える形でしょう。打力のグラフのようなものを作ったとしたら、1番から2番で落ち、そこから3番、4番と上がっていくという形になるはずです。

しかし、ここで一つ疑問を持ちます。なぜ一度、2番打者で落とす必要があるのかということです。1番が出塁した場合の繋げ方という意味があるのでしょうか。たしかにそういうことも試合の中ではあるでしょう。それを悪いとは思わないのですが、個人的にはこう考えます。

2番には打力のある選手（強打者と言われる選手でもいいくらい）を入れて、1番から4番へ徐々に打力が上がっていくような形です。もちろんそういう選手がいての話ですが、打線の波としては、このほうが可能性は広がると考えられます。シンプルに、打てる打者が続けて打席に立つほうが、攻撃としては強く、流れがいい。得点の可能性としても高くなるはずです。野球というスポーツは、2本のヒットと一つのアウトで点が一つ入るというのが基本と言われていますが、例えばその「2本のヒットと一つのアウト」をどう組み合わせるか。ヒットが出て送りバントで2塁へ進め、タイムリーヒット、またはヒットが続いて1、3塁となって内野ゴロで1点、などのケースが考えられます。

とはいえ、現実にはタイムリーヒットというのもランナー2塁では、なかなか出るものではありませんから、その形を作ったからと言ってビッグチャンスとも言い難く、実際に得点する率はそう高いものではありません。また、バントで場をいったん落ち着かせてしまうのも、固い空気の中での攻撃になってしまいがちです。

一方、ヒットが2本続き、一、三塁で打者が内野ゴロという想定。こちらも2本目のヒットがカギになる点では同じですが、ホームにランナーが返るシチュエーションとしては難しくありません。想定としては1、3塁を目指すほうが結果的に得点にはなりやすいのではないかと考えられます。

都合のいい考え方ばかりもいけませんが、こういった考え方でいくと、やはり2番に打力のある選手を置くことが望ましいという考えが生まれてきます。

最近よく聞くと思いますが、「セイバーメトリクス」という統計方法があります。その中の理論では、送りバントは得点確率を下げる戦略となり、統計学的にはあまり機能的ではないのだと言われています。これをまるまる鵜呑みにしてしまってもいけないことはわかっていますが、とりあえずデータ上はそうなるようです。

また、少し前の話ですが、米ニュージャージー工科大の研究者がメジャーリーグの試合記録を統計学的に分析し、２００２年に英科学誌『ニューサイエンティスト』に論文を発表。「数学が野球の打順を改善する」と題する報告書の中で、「野球で勝つには最強打者を２番に据えるべきである」と結論づけているようです。実際、メジャーリーグではそういった考えを持ってオーダーを決める監督もおり、強打者をあえて2番に入れるケースがあります。もちろん、あまりにも鈍足で塁に出ても進めないというのなら、そこその打力で足が使えるほうがいいとなってしまいますが。

足の遅いケースを除外したとしても、2番の定義をどうするのかはチームの方向性を変えます。打たせたいのか、または送らせたいのか。チャンスの広げ方は打線の、またはチームの象徴です。一般的だからという安易な考えで当てはめてしまうと、打線はかえって機能し

リーグ別チーム得点ランキングと犠打数（2015年）

■セ・リーグ

	チーム	得点	犠打数
1	ヤクルト	574	104
2	DeNA	508	137
3	広島	506	135
4	巨人	489	116
5	中日	473	114
6	阪神	465	138

■パ・リーグ

	チーム	得点	犠打数
1	ソフトバンク	651	109
2	西武	631	104
3	日本ハム	615	104
4	ロッテ	561	109
5	オリックス	519	115
6	楽天	463	105

出所：日本野球機構ホームページ

なくなるというケースも大いにあるのだと思っています。

ただし、打って出るとダブルプレーのリスクが出てきます。それを踏まえるとダブルプレーになりづらい選手、またはダブルプレーになりづらい打球を持っている選手が必要となります。右打ちか左打ちかで考えればダブルプレーを避けるためには必然的に左打ちが理想になってきます。また、ゴロを避けるために長打力があったほうがいいという考え方も出てきます。

まとめて言えば、強打の左打ちということになります。それと鈍足でないということ。

一般的に、打てるバッターを2番に置くと「攻撃的な2番」などと言われ、異質なものとして注目されがちですが、そもそもバッターなのですから攻撃的で当たり前です。守備的なバッターなどいるわけがありません。

本来、バントという選択は、打って失敗する確率が高いから、それならとりあえずランナーは進めようかという考え。「保険」的な意味と捉えられるかもしれません。打つ確率が高いのなら、あえてアウトになりにいく必要はないのです。

「攻撃的2番バッター」「攻撃的打線」と呼ばれるケースがよくありますが、実はこれが機能的であり、得点力のカギとも言えます。

2番の適正を問う

「攻撃型2番バッター」の代表例と言えば、「ビッグバン打線」と呼ばれた2000年の日本ハム打線で、3割2分9厘・31本塁打を打った小笠原道大選手ではないでしょうか。2015年に19年間の現役生活にピリオドを打ちましたが、当時の小笠原選手は、紛《まご》うことなき最高の2番打者でした。当時は「中軸を打つべき小笠原がなんで2番なんだ」という疑問の声もたくさんありましたが、実はとても理にかなっていたと思っています。

また、ジャイアンツ時代、私が1番に入っていた頃の2番は清水隆行選手。清水選手は打球が強く、ライナー性のあたりも多いバッター。足も速くてゲッツーにもなりにくい選手でした。小笠原選手とは違ったタイプの意味合いを持つ2番でしたが、2人とも素晴らしい能力を持った2番と言えます。

逆の例で言うと、ソフトバンクで主に2番に入っている今宮健太選手が少し気がかりです。2013年と2014年に犠打数がともに「62」でリーグトップということで、これはこれでたしかにチームに貢献していますし、球界でも高く評価されています。

ただ、持ち味も生かしてほしい。彼は細身ながらフルスイングで持ち味が出てくるタイプです。しかし、体格と飛距離を考えると「飛ばすな。粘り強く逆方向に打て」というアドバイスが多く飛び込んでくることはおおよそ想像出来ます。私自身もうるさいほどそんな言い分を聞かされました。

しかし、そういった意見はこちらの事情を考えてのことというよりも「一般的にはそうだろう」という発想で言っているだけ。スイングの特性や打球の質などをよく見て、本人の考える理想などを理解したうえでの話ではないことがほとんどです。

結果から自分を作るのか？　出てきた結果が自分の形なのか？

両方のケースがたしかに存在します。最終的に形や方向性を見出すのは自分自身ですが、唐突であったり、一方的であったりする人の話に信憑性があるとは考えにくいことがほとんどです。

「打てば文句ないだろう」「小さくたって入ってしまえばホームラン」と考えることも出来ますし、「長くこの世界で生きていくには形から入ろう」という発想もあります。

チーム事情というのもあるのでしょうが、本人が後悔しない選択が一番です。人の意見に流されず、周りの声からは上手くヒントだけを抽出して自分の中で生かしてほしい。自分にしか出来ないこと。自分だから出来ること。それが答えだと私は思っています。

選手それぞれにぶつかる壁は表れ、その壁には多種多様なものがあります。その破り方もいろいろな方法があります。どう破ってどんな選手になっていくのかが大事なのです。

打力でも今宮選手らしさを作り出し、誰も意見出来ないスーパーな選手を目指して活躍してほしいと思っています。

あっと言わせる華麗な素晴らしい守備。今宮健太選手には「見えないファインプレー」よりも、やはり「よく見えるファインプレー」を期待しています。

強打者が一人しかいなければ3番に置く

先にも述べましたが、既成概念を取り払ったうえで、改めて打順というものを突き詰めて考えてみることで機能的なオーダーが作られていきます。そのうえで、「2番に強打者を置く」という考えを軸に、チーム事情などを踏まえて、それ以外のオーダーも考えてみることにしましょう。

まず、チームで打撃が優れた上位4人を、打順はともかく、1番から4番のどこかに並べます。まずは上位を決め、5番以降はタイプと流れによって考えます。

次に強打者をどこへ置くかですが、一般的に考えれば4番です。しかし、ニューヨーク・ヤンキースのアレックス・ロドリゲス選手や、マイアミ・マーリンズのジャンカルロ・スタントン選手などのように、「3番最強説」も私は支持します。

例えば、すごい打者が2人いるチームなら、ナンバー1の強打者を4番に入れ、ナンバー2の強打者に3番を打たせるという方法もあります。しかし、強打者がもし一人しかいないのであれば、私はその選手を4番ではなく、3番に入れたい。

なぜなら、その強打者を1番、2番と切り離してしまうのではなく3番に置くことで、打てる選手が1番から3人切れ目なく並ぶことになります。下手にぶつ切りにするより、そのほうが攻撃に継続性が生まれます。さらに言えば、1番から3番の中に打てる選手を最低でも2人入れることが出来れば、得点をあげる可能性はさらに高まります。仮に打てる選手を

1番と4番に離して置いてしまうと、繋がりにくい打線になることは安易に予想出来ます。繋がる、続く、という打線に出来れば理想的だと思います。

3番・山田を中心とした理想的なヤクルト打線

2015年のセ・リーグ覇者であるヤクルトは非常に機能的な打線となりました。特にシーズン後半は1番こそ流動的だったものの、2番に首位打者の川端慎吾選手、3番にトリプルスリーを達成したうえに本塁打王にもなった山田哲人選手、4番にリーグ2位の本塁打数を誇り、打点王の畠山和洋選手、そして5番には勝負強い打撃に定評のある雄平選手といった、相手チームにとっては脅威となる選手が並んでいました。さらに終盤にはシーズン本塁打数の日本記録保持者、ウラディミール・バレンティン選手もケガから復帰し、さらに厚みが増しました。このオーダーは同年のプロ野球で最も理想的と言えるでしょう。

首位打者が繋ぎやチャンスメイクをし、トリプルスリーがそれをまた繋げる、または返す。そしてとどめに打点王。得点力がないはずがありません。こういった選手たちがずらりと並ぶことは理想的ですが、プロ野球でも稀です。2015年で言えばソフトバンクはさらにたくさんいましたが、かといって、打てる選手が3～4人いること自体が理想ということではありません。バランスも求められます。

また、限られた選手の中から、打てる選手を1～3番に並べてしまうと、層の薄いチームの中には「4番に置く選手がいない」というケースも出てきます。その場合、やはり固定観念を捨てて選手を当てはめることになります。

2005年頃のロッテのサブロー選手は「繋ぎの4番」として持ち味を発揮しました。長打力ではなく、シュアなバッティングと機動力を持った4番。打線に波を作るのではなく、あえてどこからでもチャンスを作り、どの打順でも繋ぐ意識を持つ。切れ目のない打線を作るということのモデルでもあると思います。

前述したように、メジャーでもマーリンズではスタントン選手が3番を打ち、前年のホームランが20本台のマルセル・オズーナが4番を打っていた例もあります。そういうケースは決して珍しくありません。

一方で、小中学生野球や高校野球、大学野球など学生野球に言えることですが、4番というのはチームのシンボル的な存在になることもあります。チームを一枚岩にしっかりとまとめるためには、どうしても理屈ではなくて存在感が重要になってくる場合もあるのです。

例えば、もし2番が送りバントをするということを前提にしているチームであれば、1アウト2塁で打席に立つのか、2アウト2塁で打席に立つのか、打席に入った選手の気持ちも違ってきます。その意味では、たとえ2アウト2塁でも、堂々と打席に入ってランナーを返してくれるような、精神的な強さを持っている選手が4番にいてくれると、チームとしてはありがたい。困ったときになんとかしてくれる、頼りになる存在はチームにとって何物にも代えがたいものです。

その意味で、合理性や機能性よりも、とにかく「4番に置いて文句が出ない選手」「みんなが納得する選手」を配置するという考え方も必要とされます。

3番最強と言いながら、4番の存在感という話には矛盾があるかもしれませんが、「とにかくあいつが俺たちのシンボルなんだ」という選手がいた場合、他の打順に移動させることはかえってチームの士気を下げてしまう傾向があるということもたしかです。

また、ここで少し下位打線についても触れておきたいと思いますが、実はピッチャーが9番というセオリーにも、常々疑問を感じています。

単純に1イニングを3人で終えると仮定した場合、9人のバッターを3人で区切ると、「1〜3番」、「4〜6番」、「7〜9番」の三組に分かれます。ここで、3つ目のイニングに注目します。

「7〜9番」の攻撃となるイニングでは、例えば7番が出塁した場合、8番は打力が弱いが打つしかないという、「やむを得ず」という攻撃になってしまいます。であるならば、8番にピッチャーを入れ、バントという作戦が妥当であると考えられます。

また、8番が出塁し、9番ピッチャーがバントで1番に回るというケース。バッターがピッチャーであるため、結果的にはノーアウト、1アウトを問わず、必然的にバントにせざるを得ません。ノーアウトならともかく、1アウトであった場合、2アウトになって2塁に送っても当然得点出来る確率は低い。1番バッターもヒットのみを期待されるのは、なかなかつらいものがあります。

この考え方が理屈なのか、屁理屈なのか、賛否両論あるとは思いますが、1番から順に考えるならば、流れとしてはそうあってもおかしくはないのではないでしょうか。

そもそも打順というのはスコアボードを見れば縦に並んではいますが、試合の中ではグルグルと回っていくもの。ですから、9番から1番への繋がりも考えるべきであって、9番まで打順が回ったらひと段落というわけではないということも、頭に入れておくべきだと思っています。

打てないから9番という考え方よりも、打席に入るのであれば与えるべき役割もあると考えてはどうか。９番に野手が入ることで、１番へと繋ぐ流れを作れます。「打力はちょっと……」と言って、役割の薄いバッターにしてしまっては、いつまでもバッターとしての責任を持たない選手になってしまう可能性もあります。チームとして１番に繋ぐ「９番という役割」を作ってみると、意外と重要だということに気づくかもしれません。

いずれにしても、既存の打順というのは一つのセオリーではありますが、点を取る確率を少しでも高めるためには、いろいろな考え方が必要だということは言えるでしょう。

ベイスターズ時代にやっと覚えたバント

「２番・強打者説」についてはすでに述べましたが、かといって「バントなんかしなくていい」というわけではなく、あくまでチーム事情が優先することは言うまでもありません。ベンチが２番にバントのプロフェッショナルとしての役割を求めるなら、選手とすればそれを受け入れなければなりません。

かくいう私も、ベイスターズに在籍した３年間で１年ほど２番を任されたことがありました。実はこのときに、プロに入ってはじめて本気でバントを覚えなければならないと感じたのです。

それまで、ジャイアンツでは1番を打つことが多く、2番を任されたときにも、とにかくバントという攻撃ではありませんでした。ジャイアンツ時代のバントの数と言えば、年間でも多くて10個ぐらいがせいぜい（編注：11年間で年平均6・4個）。点が入らない試合でピッチャーが塁に出た場合や、終盤の攻撃のときくらいだったと思います。

しかし、移籍して2年目の２００８年はバントでの攻撃が多く、この年に2番を任された私はそれまでの経歴の中でも群を抜いて多い、年間で34犠打という数字が残りました。さすがにこの年、バントをしっかりと出来なければならないと試行錯誤しながら自分なりのやり方を模索し、だんだんと「失敗して後悔するなら顔にボールがぶつかってもいいや」という考え方になっていきました。本当に顔に当てることはありませんでしたが、今振り返ればそれでよかったと思っています。

そもそもバントというのはそれくらいボールをよく見て、顔がボールの高さにあるというくらいの姿勢にならなければ失敗する確率が高くなります。恐怖心を振り払って、腹を決めるくらいの覚悟でやっていれば、必然的に上手くいくということに気づかされたのです。

その経験から言うと、当たり前のことかもしれませんが、まずバントというのは簡単ではないということ。バントを確実に決めるということは、見ている人たちがイメージしているよりもはるかに難しいものなのです。

失敗した選手に「バントぐらい」と言う人がよくいます。「プロのくせにバントも出来ねえのかよ」とも言われます。

そもそもバントが得意であるような選手はプロにはほとんど入ってきません。打てるからプロに入れるわけで、バントに対する心得も、実際にその役割が仕事でもあるという選手でなければ身につくことはありません。

また、首脳陣でも同じようなことを言う場合があります。たしかにバントは打つことよりもはるかに成功確率は高いため、サインを出した時点で出来たものと計算して、次のバッターの攻撃へと移っていきます。

しかし、バントをやる側はそんな簡単に計算されてしまうほど簡単には感じていません。特にノーアウト一、二塁のバントなど、ヒットを打つことに匹敵するくらい難しいものです。ランナーが鈍足であればなおさら。気持ちがわかる同業者としては、自分とは関係なくてもドキドキして、その場面を見てしまいます。

ですから、首脳陣でも難しさがわかっている人は簡単に批判することはありません。簡単に「あれくらい決めてくれなきゃ」と言っている人は、現役時代にあまりそんな場面に遭遇していない人が多い。たしかに与えられた任務なので、成功して帰ってくるのが仕事ですが、穏やかではない心中を察してもらえると、緊張しながらやった甲斐があるというもの。緊迫した場面のバントこそ、私は「見えないファインプレー」だと思っています。

あるとき、バントの名手である川相昌弘さんがこんなことを言っていたことがあります。

「俺、もともとバントは下手だよ」

正直、「えっ?」と一瞬、耳を疑いました。

川相さんが下手だったらみんな下手になってしまう。「世界記録の人が何を謙遜して」とそのときは思っていました。

しかし、川相さんがバントする姿やボールの捉え方は非常に独特です。顔とバットがそれほど接近せず、ボールをバットに吸い込むように捉える。手堅い形というよりも、むしろ感覚的なものが優先してバットをコントロールしているというふうに見えます。

よく考えてみると、守備の名手でもあった川相さんの捕球の仕方もそのような感じでした。グラブの中にボールを吸い込むように入れて捕球する。その手首とグラブの柔らかい使い方を横で見ながら、なんとか自分もあの感覚を身につけてやろうと思い、ずっと観察していました。

川相さんにとってバントはプロで生き抜く手段。そしてチームへの使命感でした。世界記録を保持している川相さんが、もし本当に「もともと上手でなかった」のならば、バントは努力次第ということが出来ます。

「これが出来なければ」という思いで取り組めば、必ずその人なりのコツが生まれるのだと思います。それを本気で「やろう」と思うか、思わないかの違いだけです。

自分が犠牲になりランナーを進める。

そのことがつまらないと感じるのか、チームのため、自分のためと捉えるのか。どのスポーツでも同じことが言えますが、自分の成功はチームの成功。一人ひとりの活躍はチームの勝利を引き寄せる大きな要素を持っています。

観ている人は「バントくらい」と思い、肝心の選手は「バントなんて」と思ってしまいがち。バントのサインというのは非常に緊迫した状況で出るのが通常ですから、「サインが出たらやりますよ」という軽い考えでいると、大きな代償を払うことになりかねません。

「その場が上手く出来ればそれでいい」

そう思っている選手にはまた次回、同じ試練が立ちはだかることになります。

バントは出来て損はありません。

バントをさせてくれないヤクルトバッテリー

ちなみに、バントにもしづらい球というのがあります。人によっても違うと思いますが、高さやコースによっては真っ直ぐが一番、難しいとも言われます。どうしても顔に近いところへくると、ボール球でも反応して手を出してしまい、ポップフライになることが多い。ストライクゾーンでも、インハイあたりに速い球を投げられると、ボールに強弱をつけづらいためにそうなることが多いと言えます。

バッテリーからすれば、いかにもバントをしそうな「ここぞ」の場面では、出来るだけ失敗を誘う配球が必要となります。

特にピッチャーが打席に入っている場合などは、変化球、体に近い真っ直ぐなど。ただただストライクを投げて「はい、どうぞ」はもったいないと常々感じています。

古田敦也さんが現役の頃は、バントのケースではスライダーをよく使っていました。

スライダーは右バッターにとって逃げていくボールで、バッターはどうしても追いかけてしまう。バントが苦手な選手であれば、さらに手を使ってバットをコントロールしようとするため、おおよそファールになります。また、上手く当たったとしても、スライダー回転がかかっているためにバットの面が右を向けば右にボールが流れやすく、右に行かせたくないと思い、ボールがきた方向に返そうと思えば逆の回転がかかって左に切れていく。カーブよりもスピードがある分、ごまかしもきかせづらいということが言えます。

かといって、そこからバスターに切り替えたとしても、ボールの軌道がバッターの想定外であった場合、これもまた失敗に終わるケースが多いということが考えられます。

バントをある程度防ぎながら、カウントも取れる。総合的に考えて、バントのケースではスライダーが無難な選択だと古田さんは判断していたのでしょう。こういったケースごとのセオリーを持っているキャッチャーは非常に少なく、誰もが認める最高のキャッチャーだったと言えます。

それにしても、古田さんは私にとって本当に嫌なキャッチャーでした。特に若い頃はピッチャー陣も素晴らしく、完全に遊ばれていたようなもの。「初球から打ってやろう」と思えば変化球でかわされ、見ていこうかなと思えば簡単に真っ直ぐでストライクを取られる。何かこちらの癖でも出ているのか、いつもと違う打席の入り方をしたのだろうか、はたまたデータでもあるのだろうか、そんな混乱をさせられたことをよく覚えています。

たしかに、守っている選手がバッターを前方から見ていると、前の打席の結果を合わせた雰囲気、動き、踏み込んだタイミングやファールの打ち方などで、「初球から打ってくる」「右方向を狙っている」「真っ直ぐに合わせている」「変化球に合わせている」など、わかることはたしかにあるのです。しかし、キャッチャーの位置からそれを悟るということは難しいはずであり、わかっていたのだとしたら、正直ちょっと理解出来ません。それくらいすごいことです。一方で、そんなすごいキャッチャーと対戦出来たことにも誇りを感じています。

ちなみに、私が現役時代に最も苦手だったピッチャーの一人が、同じくヤクルトの川崎憲次郎投手。とにかくシュートばかり投げてくるので、こちらもムキになって打ちに行ってしまうのですが、結局そうやってムキになることがバッテリーにとっては一番かわしやすい。とにかく結果は散々でした。

いずれにせよ、「バントを決めさせないための配球を考える」のもバッテリーとして最低限考えなければならないこと。バントの失敗はバッターの失敗というだけではなく、そういったバッテリーの「見えないファインプレー」が隠されているケースがあるかもしれません。

1番打者の役割の50%を占める「第一打席」

総体的に打順について述べてきましたが、私が現役時代に主に務めてきた1番という打順の意味についても触れておきたいと思います。

私が考える1番バッターの役割の一つに、「後ろのバッターに勇気を与える」というものがあります。特に第一打席については、後から打席に入る選手たちに「いけるぞ」と思わせる打席にしないといけない。1番バッターが「今日のピッチャーすごいですよ。なかなか打てませんよ」そんな言葉を漏らしなら下を向いてベンチに帰ってくるようでは、他の選手が不安を抱いてしまう。少しウソが入っても「大丈夫です。大したことないですよ!」そう言って堂々として帰ってくることも大事なことであると考えていました。

当然ながら、先頭バッターが初回に塁に出て点が入れば、試合は優位に進められます。いきなりクリーンヒットであればなおよく、それがホームランであれば最高の結果です(編注:著者の初回先頭打者ホームラン24本〈表回9本・裏回15本〉は歴代7位の記録)。

「超攻撃型1番バッター」として一躍有名になったヤクルトの山田哲人選手は、2014年4月から9月にかけて、NPB史上初の6カ月連続初回先頭打者本塁打を達成。この間、山田選手が先頭打者本塁打を打った試合の戦績は5勝1敗でした。

打力の特性を生かし、2015年7月からは主に3番を打つようになり、「先頭打者」として打席に立つ機会は少なくなりましたが、それでも6月25日の中日戦では、大野投手から通算10本目となる先頭打者ホームランを打っています。

1番バッターの第一打席というのは、役割の50%を占めるといっても過言ではなく、優位に試合を運ぶ、チーム、打線に勇気を与えるなどの意味合いが詰まっているのです。

私自身もそのつもりで第一打席目に臨んでいました。

翌日の試合の第一打席は家に帰ったときからシミュレーションが始まります。家に帰ってご飯を食べ終わると、翌日の相手ピッチャーがだんだん頭に浮かんでくる。

まずは「誰が先発なのか？」

次に「初球はどんなボールで入ってくるのか？」「前回はどうだったか」「キャッチャーの傾向を踏まえるとどうなのか？」「そのボールを狙うべきか見るべきか？」「そのボールを見逃してストライクになった場合、次はどんなボールがくるのか？」「初球が外れた場合、次はどんなボールなのか？」「打って出てファールになった場合、次はどうなのか？」

一打席分のシミュレーションを繰り返し頭の中で考える。もちろん追い込まれるまで。これが毎日のように繰り返されます。

結果を出さなければならないプレッシャーと、第一打席への入り方に追われる毎日が、私の現役時代だといっても過言ではありません。

野球というのは9人の打者が順番にぐるぐる回って打っていくわけですから、二打席目以降はどんな場面で回ってくるのか、シチュエーションがまったく予測出来ません。

しかし、打線の中で、唯一決まったシチュエーションで打席に入れるのは1番の第一打席。相手ピッチャーにとっての第一球目、また、一人目の打者として1番バッターは打席に立ち、ノーアウトランナーなしという確実な状況にあります。

その状況に立ち会えるのは、1番バッターであるがゆえの〝資格〟であり、1番である選手に与えられた〝権利〟と言えるかもしれません。大きなプレッシャーがかかりますが、それはやりがいを感じられる1番バッターだけの〝特権〟とも言えるものです。

もちろん、それにはそれ相応の責任が伴うわけで、第一打席に対する準備として、出来ることはすべてやる。考えられることはすべて考える。そうあることが当然とも言えます。

役割への使命感。それが最も大きなモチベーションとなっていました。

先頭打者ホームランを打つと、「狙っていたか?」とよく聞かれます。私自身のスイングを見るとそう思われがちですが、第一打席からホームランを狙えるほど大胆ではありませんし、これまで前述したような経緯があるわけですから、そんな余裕があるはずもありません。

ただ、一つ言えることは自分なりに準備をした結果だということ。

例えば、初球の真っ直ぐをジャストミートし、ホームランにしたこともありますが、それは初球、入りの真っ直ぐを打ち抜くと決めて打ちにいった結果です。打った結果をイメージしていたのではなく、そのボールを打つということをまず決めていたということです。

また、一方で、積極的に打つだけではなく、状況によっては、後ろのバッターに相手ピッチャーの球種や出来などを見せるために、ある程度投げさせることも考えます。

さらに細かいことを言えば、9番のピッチャーが凡退に倒れ、二死で自分の打席が回ってきたときなどは、ピッチャーが投球の準備を終えるまでの、いわば時間稼ぎもしなければならない。あまりこんな話をしていると審判の方に怒られますが、ゆっくりと打席に入り、なるべく時間を使う。次の投球に支障が出ないように配慮し、ほぼその打席は捨てることになります。

1番バッターというのは、たくさん回ってくるから打つチャンスもありますが、試合が決まっているときは正直「もういいよ」というときがあったり、2アウトでピッチャーの後の打席で捨て打席があったりとわかりづらい辛さもあります。

また3番や4番は、調子が悪くても復調を待ってもらえますが、1番にはその猶予はないに等しい。

毎試合コンスタントに結果を出して出塁し、好機を作れなければ、「勝てない理由」の一つとしてとり上げられます。一方で、勝てた理由にしてもらえることは非常に少ないのです。そんな愚痴もこぼしたくはなりますが、とにかく「オレが先頭きってやってやる」そんな思いを持たなければ熟せないポジションでもあると思います。

先頭で受けるプレッシャーという〝風〟も、慣れれば気持ちのいいものです。そんな気持ちの強さも欠かせない要素として求められます。

打順は固定してスペシャリストを育てる

打順というものは守備のポジションと同じで、その選手が「なぜトップバッターなのか」「なぜ4番バッターなのか」といった意味や理由がそれぞれあります。ですから、むやみに、または安易に順番を変えるのは、かえって空回りすることに繋がりかねません。

1番なら1番、2番なら2番の役割を理解し、その打順のスペシャリストとして選手が育ってくれるほうが、チームとしては形が表れるのではないかと考えています。

ご存じのとおり、メジャーリーグでは打順を日替わりでくるくる変えることは珍しくなく、ヤンキース時代の松井秀喜選手などは2番を打ったこともありました。

メジャーでは相手投手や球場との相性など、データに基づいてオーダーを決めているようですが、選手にも試合に入る気持ちの準備や試合の中でのリズムなど、あらゆる場面にルーティンが存在します。したがって、数字に左右された形に当てはめられることが必ずしも選手にとっていい状況ではないという場合があります。ただ、指揮官の判断ですから選手には意見する権利はありません。このあたりはコミュニケーションが決め手になるでしょう。

出来れば、チーム方針を選手にしっかりと説明し、お互いが理解しながら打線が構成されることが望ましいでしょう(「お互いの理解」というところが一番の難しさだとも言えますが)。

例えば、２０１５年のパ・リーグでは西武の秋山翔吾選手が、最終戦となった10月１日のオリックス戦でシーズン２１６安打を記録し、阪神のマートン選手が２０１０年に記録した日本最多安打記録２１４を更新しました。特に、タイ記録を達成した9月30日は一挙に５安打を放ち、新記録へ大幅に前進。最終戦で記録を達成した気持ちの強さは並大抵のものではないと思っています。

秋山選手の打力があれば3番を打ってもおかしくはない。したがって、来年は「３番を打たせてみるか」という声が出る可能性もありますが、彼の素晴らしい成績は1番をまっとうしたからこそのものだとも言えます。

秋山選手にも、トップバッターとしての見えない苦労や努力があったはず。1番である責任やその取り組み方が好成績に繋がったのではないでしょうか。ただ、この成績を引っ提げていればどんな打順でも熟してしまうとは思いますが。

いずれにしても、2015年の秋山選手に〝スーパー1番〟を見た気がします。

選手はチーム方針に従ってプレーするのは大原則。だからこそ「選手は駒」などと言われることもあります。もちろんそうあることもあり、そうあるべきだとも思います。しかし、選手も人間であり、選手にも感情はあります。

駒は駒でも「感情のある駒」。

ひっくり返りたいときだってあるのもわかってもらえるとありがたい。

「そこにいる意味」

選手もそれを理解したいのです。

第5章

日頃の「観察」が勝利を呼ぶ【采配編】

自分で考えてプレーする重要性

日本の野球の成長過程では、監督の指示を待つという習慣が身につきます。野球というスポーツの習性上、そうなることは必然なわけですが、あまりにもその傾向が強すぎると「次はどうしますか？」「自分はここで何をしますか？」といった具合に、まずは指示を待つという〝指示待ち〟が習慣化されてしまいます。

もちろん、監督の方針に沿ってチームが動くのは当たり前ではありますが、「指示がなければ自信を持ってプレーが出来ない」という状態にならないためにも、出来れば最終的には選手が自分で判断して動く習慣がついてくれるのが理想的です。

１００％指示待ちというのは、肝心なときの判断にブレや心の揺れが生じてしまいます。意図のない判断だったり、やっていることの意図を理解しないでプレーをしたりすることによって、その場その場の適切な判断が鈍くなってしまうのです。

しかし、昨今では小中学生の頃から強力な指示を出されることが多く、その方針に慣れすぎてしまっているために、どんな指示においても疑問を感じない選手が多くなってしまっていると言えます。

球技というのは、ボールに携わっているときは必ず一人。ボールが一つなので当然ではあるのですが、その一人になったときに、いかに冷静で適切な判断が出来るかが勝負のカギを握ります。

これは技術的な部分でも同じことです。

試合中に、ピッチャーが投げているそばで、監督が投げ方から攻め方までいちいち指導してくれるわけでもなく、ゴロを捕るときに捕り方を教えてくれるわけでも、送球する場所を指示してくれるわけでもありません。スポーツにおいては、その一瞬一瞬が勝負を分けているといっても過言ではないのです。

もちろん、ベンチからの指示はあるでしょう。その都度その都度どう守るのか、この場面ではどう攻めるのかなど、戦略や作戦上の方針を伝えることは、「指揮」という意味で必要です。

しかし、その都度出た指示にどんな意味合いがあるのかという理解もせずに、ただ「言われたからやりました」では、次に生きてきません。もっと言えば、選手としては何の進歩もなく、ただただ野球というスポーツをしながら時間を経過させているに過ぎません。

「この場面はこういう理由でこの作戦を選んだ」

そのことを選手は理解し、その狙いが明らかだから起こったプレーに対して適切な判断が出来るのです。

逆に言えば、それを伝えもせずに「言ったとおりにやっていればいいんだよ！」といった傲慢な指示の出し方では当然ベンチの意図は伝わらず、ミスも起こりやすい。そのミスに対して「なんで出来ないんだ！」「こうしろと言っただろ！」「俺の指示がなけりゃ、お前たちは動けもしない」そんなやり取りを繰り返すことになります。

そういう意味では、高校生と言えども、選手個々の野球観や哲学はあっていいと思います。むしろ、なくてはいけない。

指示に対して、もし疑問があるのならば「なぜあの場面であの指示を出したのですか」と試合後にそんな質問があってもいいはずです。もし、そこで「なんだ、文句があるのか！」という答えしか出せない監督であれば、そもそも自分が出した指示にすら自信がないのだと捉えて間違いないと思います。

そこでしっかりと意図を伝え、選手も納得したうえでプレーすることで次へと繋がり、チームとしても進歩、成長ということになっていくのです。

私の高校時代（常総学院）の恩師、木内幸男監督は、そういったことに対して非常にうるさい監督でした。常総学院と言うよりも、木内監督という人が他の高校の指導者と大きく違ったところは、作戦の理由を一つひとつ説明し、その指示には明確な理由があるということを教えてくれたことです。

練習中に発する言葉や、試合中に選ぶ作戦、サインプレー、指示などの裏に必ず狙いや意図があるのです。例えば、バントのサイン一つにしても、「あいつは今打てていないから」「後のバッターが当たっている」など。もちろんこんな安易な理由だけではありません。

試合に臨むにあたっても、「この相手だったら力で押していく。そこでダメなら上に行っても勝てねぇ」といったことや、「あいつの性格じゃ、この場面は打たせらんねぇ」といった具合に、試合中にずっと解説をしながら指揮を執るのが木内流でした。

一見、「問答無用で指示に従わせる」というタイプに見られがちなのですが、これがまた厄介(?)なことに、監督が言ったことしか出来ない選手が大嫌いなのです。出された指示を基本に、場合によってはその場の状況で選手個人が判断し、対応を変化させていくことも求められる。高校生にしては少しレベルの高い要求の中で野球をすることになります。

必然的に、監督の指示に惰性で従うのではなく、「なぜ監督はこの作戦を」「なぜあのサインを」と選手は理由を考えながらプレーします。

そして、もう一つ他の高校と違っていたことは「自主性の尊重」。高校野球おいては、選手が自分の考えを持って動くのは、ある意味やってはいけないこと。実際、他の高校の話を聞くと、やはり常総が特別だったことがよくわかります。

「俺はああいうヤツを待ってんの」

今思い返しても、木内監督は選手からの意見を待っている節がありました。指示待ちで何かを言われるまでただ突っ立っているような選手を信用することはありません。おそらく、他の学校なら「忠実に監督の指示に従ういい選手」という捉え方をするのかもしれませんが、木内野球では絶対にそんなことはありませんでした。「支持待ち」タイプの選手には過大に期待することなく、期待以上のことが返ってくるとも思っていない。黙って言うことだけをやっている選手は、その程度の選手としか期待しない。そういう指導者でした。

あるとき練習試合でこんなことがありました。

試合中、代打を送りたい場面になり、木内監督は「誰か代打いいねぇかな」とベンチを見回してみた。すると、一人の選手が目に留まりました。その選手は大人しい性格で優しいあまり、実力が発揮し切れずにレギュラーになれないという状態にあり、木内監督にもその先入観がありました。

そのとき、木内監督はボソッとその選手に向かって、こんなことをつぶやいたのです。

「ほんとだったらこういう場面でおめぇを使いてぇんだけど、大人しい大人しいって言われてんのに、おめぇはちっとも変わんねぇ」

木内監督にとってみれば、その選手は気持ちの持ち方だけでも変えればレギュラーとして出られるのに、意見もないようなそぶりでずっと変わらず大人しくしているのが歯がゆかったのでしょう。

しかしこのとき、思いもよらない変化が訪れたのです。

それまで黙ってベンチに座っていたその選手がスッと立ち上がって、木内監督に向かってこう反論しました。

「僕だって変ろうとしてるんです！」

すると木内監督はその様子を厳しい目でにらみながらこう答えました。

「だったらその証拠を見せてみろ！」

その言葉を聞くや否や、その選手はベンチを飛び出し、バットをやや乱暴にバットケースから引き抜くと、交代を告げられるよりも早く打席に入り、鼻息荒く構えました。

さあどうなるのかと思いながら様子を見ていると、相手ピッチャーが投じた初球を見事に打ち返し、センター前ヒット。1塁ベースに立つその選手は相変わらず鼻息荒く、こちらを「どうだ、見たか」と言わんばかりににらむように見つめていました。

それに対し、木内監督はベンチ内の選手に聞こえるように大きな声でこう言いました。

「俺はああいうヤツを待ってんの」

もし、他の学校でこんなやり取りがあったとしたら、「なんだ、お前！ 俺に文句があるのか！」となっている確率のほうが高いのではないでしょうか。

最善は何かを考えさせる環境作り

また、木内野球では「指示待ちではない」象徴のような習慣があります。

例えば、打席にいるバッターのカウントがスリーボールになったとき、ネクストサークルにいる選手にボーっとしている時間はありません。その場合、ベンチにサッと寄って行き、監督に「ランナー出たらどうしますか？」と聞きに行きます。すると監督から「バントでいこう」とか「カウントによってはエンドランがあるから頭に入れておけよ」などという指示が出ます。

「あれ、なんだ。それではやっぱり指示を待っているんじゃないか」

そう感じる方もいるかもしれません。しかし、それだけではないのが木内野球とも言えます。というのも、そういうことを繰り返しているうちに、いい加減に選手も慣れてきて、逆に選手側から提案するようなケースが出てくることもあります。

「エンドランやるから頭に入れておけ」と言われれば、「このケースだったらバスターエンドランでもいいですか？」と言ったり、監督からの指示が出る前に「バントでいきますか」と言うこともある。そもそも、「次はどうしますか？」と選手が監督に聞きに行くということも、普通の高校野球ではあまりない光景ですし、さらにそこへ選手が自分の意見を出してしまえるところが木内野球の真骨頂と言えるでしょう。

もちろん、レギュラークラスの選手だから出来ることだとも言えますが、そういった意見を持てるということに大きな意味があり、「どうしますか？」の出来る選手には、やがて必ず「こうしましょう」が生まれてくるということです。

プレーをしながら「今何をすべきか」「あのサインはどんな意味があったのか」と考え、理解を共有したうえで「では、こうしたらどうでしょう」と監督に進言をする。それがいつしか、選手たちが「自分たちで考えなければならない」という意識に繋がっていき、結果的に自立的な選手へと導けるのでしょう。

常総学院時代のこの経験は、その後の私の野球人生に大きな影響を与えています。

私の考え、また指導方針の中では、自身の考えを選手に絶対視させるのではなく、選手にも同じように答えを探させる。

「その場面での最善は何なのか」

「自分はここでどうしたらいいのか」

そういった発想になるような環境作りをすることが大事なことなのではないかと考えています。監督の指示や方針をヒントに、個々の選手がそれぞれの哲学のもとで〝野球脳〟を磨いていく。それが身について強くなれば、心と体の強さを兼ね備えた〝本物〟になったと言えるでしょう。そして、その事実は将来、その選手が野球を続けるにしても、別の道を進むにしても、大いに人生の役に立つはずです。

野球は騙し合いのスポーツ

一般的に「いい選手」と言われている人たちに共通するのが、相手をよく観察するということです。特にいい投手というのは相手バッターの一挙手一投足をじっと観察しています。

ジャイアンツの菅野智之投手などはまさにそのタイプ。野球ではサインを出すのは三塁ベースコーチの役割ですが、菅野投手はこの三塁コーチからバッターに出るサインまでをもじっと見つめていることがあるそうです。

もちろん、それを見たからといって、サインがすぐに見破れるという話ではないのですが、そこから何か役に立つ情報が得られないかと探っているのだと思います。そういう選手というのは、何やら見透かされているようで相手にとっては嫌な選手でもあります。

私も現役時代は、敵チームのベンチやコーチ、選手同士の会話の様子などから、何かわかることがあるかもしれないと思い、よく観察するようにはしていました。もし、選手同士で話している内容が少しでもわかれば、こちらはその逆のことが出来るわけです。

一般的に、野球のサインというのは「ブロックサイン」と「フラッシュサイン」の2つに大別することが出来ます。ブロックサインは、頭や、鼻、耳、ベルトなど、あちこちに振れながらサインを出します。原則としてキーとなる部分が決まっていて、例えばキーがベルトであれば、ベルトの次に触った部分が実行するべきサイン、というのが基本です。実際はキーを2か所にしたり、より複雑化されたりしている場合もありますが、基本的な考え方はどこも一緒です。

一方でフラッシュサインはもっとシンプル。単純に、ある部分だけを触ったときや、あらかじめ決めておいた一つの動作で実行するパターンです。簡単に言えば「鼻を触ったら盗塁」というようなやり方です。単純で見破られやすいと言われながら、けっこうプロでも使われています。サインを見破るのには、まずここからといった感じでしょうか。

例えば、サードコーチャーがちょっと変わった手の動きをしたり、不自然に目線を動かしたり、襟を直したり、あるいは足が少しだけコーチャーズボックスからはみ出ていたり。

それを横目で見つつ、「もしかしたら、あれが何かのサインではないか……」などと疑いながら選手の動向に目を向けます。その場面の結果がどうなるのかによって疑いを強めたりしていきます。実際、サインが出たときにコーチの様子に変化が表れたり、サインを出された選手の側にも、表情や態度に微妙な違いが出たりすることがあるのです。

そして、「これはいよいよ怪しい」と確信に近い感覚を覚えたときに、キャッチャーなど周りの選手に合図を送ります。もちろん、当たっている場合もあれば、外れている場合もありますが、最終的には試合状況や相手チームの習性を加味して考えることになります。

そういう空気を見破るのが実にうまかったのが、曲者《くせもの》と呼ばれた元木大介選手。彼はよく隠し玉を仕掛けたことで有名ですが、相手のサインを見破るのも得意でした。

ある試合で、ランナーが三塁というピンチを招きました。元木選手はショート、私はセカンドでした。

そのとき、元木選手がキャッチャーに向かって「スクイズがある」という合図を送ったのです。ピッチャーの投球が始まると案の定ランナーはスタート。バッターはスクイズの体勢に入りましたが、あらかじめその準備をしていたバッテリーはストライクゾーンから大きく外し、スクイズを阻止することが出来たのです。

このとき、なぜ見破れたのかを元木選手に聞いたところ、「サードコーチャーがいつもより長くサインを出していた」とのこと。たしかに、「いつもと違う動き」があるときというのは、何かの指示が出ている可能性があるというのは、一つの原則ではあります。しかし、究極の場面と言ってもいいところで冷静にその判断をしたというところが、曲者と言われるほどの選手なのだと改めて感じたものです。

人間心理としては「見破られたくない！」という気持ちがあるからこそ違いが出てしまうのでしょう。そういったことを見破るのもまた面白いものです。

もっとも、それとは逆に、焦っているときに、いつもより早めに動かしてしまうという傾向のある人もいると聞きます。サインが出たときに醸し出す緊張感などを観察し、そこから相手の狙いを感じ取る。観察力も一つの「見えないファインプレー」と言えます。

「餌撒き」をして牽制球で刺す

サインは攻撃のときだけではなく、守備でも当然使われます。例えば二塁への牽制です。ピッチャーはバッターに投げれば、打たれて点を入れられてしまう可能性がありますが、二塁へ投げているうちは打たれる可能性はゼロ。暴投しない限りは点が入ることはありません。ですから、出来ることならば牽制でアウトを稼ぎたい。打たれる危険性がまったくない牽制球は、実は意外と大きなアイテムなのです。

この牽制のサインは、右バッターのときはセカンドが、左バッターのときはショートが出すのが基本です。というのも、左バッターは打球が右方向へ飛ぶ確率が高いため、セカンドは一塁ベース寄りへ動くのが基本です。必然的に二塁ベースはショートが〝担当〟することになり、牽制球もショートが受け持つということになります。そして、右打者の場合はその逆ということになるのが一般的。もちろん、バッターの特性によっては逆になることもあります。

私が現役時代は、この牽制球のサインが非常に単純でわかりやすく、おそらく他のチームにほとんどバレていることもわかっていました。

　ではなぜ、ばれているのにそんな簡単なサインなのかと言うと、答えは単純。バッターに対する投球にほぼ専念してしまうピッチャーに対して、あまりに複雑なサインを覚えさせて負担を増やしてしまうと、投球内容にも影響しかねません。つまり、この場合は「相手にばれない」ではなく、「味方（ピッチャー）にわかりやすい」が原則となるのです。

「それではまずいじゃないか」と思われる方もいると思いますが、それも計算のうち。ばれているのを知らないふりをして、偽のサインを出したりもするのです。

　例えば、いつものようにサインを出し続けているのですが、時折、ピッチャーが見ていないときに牽制のサインを出します。見ていないのですから牽制はもちろんありません。しかし、そのサインを見て、相手チームのコーチャーは「牽制だぞ」と選手に合図をする。それを見て私はほくそ笑む、といった具合です。見ていないときというのは、ピッチャーが見るタイミングよりも早くに〝ダミー〟のサインを出し始め、ピッチャーが見るタイミングから〝本物〟の「牽制なし」のサインを送るのです。

　また逆に、コーチャーが見ていないときになるべくサインを出すということを繰り返していると、相手はこちらのサインに疑問を持ち、ランナーに合図することをためらったりするようになります。

こうしたストーリーを描くように、いろいろな形で〝餌〟を撒き、ランナーの気の抜けようを見ながら牽制を入れると、意外とひっかかってくれたりします。

例えば、最初はわざと二塁ランナーの見えるところにいて注意をひきながら、急に相手の視界から消えて牽制をする。あるいは、走りたそうなランナーに、最初の2球くらいはまるで気づいていない素振りを見せ、油断をさせておいてから、視界に入らないようにベースの真後ろから入ったりもします。

また、ランナーにも癖がある場合があります。

リードをして2、3歩目で必ず外野に目線を送るとか、周囲を見渡すとか、あるいは下を見たり、まったく違うところに目線を向けたりという場合もあります。この目線を切るタイミングに一定の規則性があれば、その瞬間が狙い目となります。

しかし、タイミングに失敗すればもう使えません。一発勝負のつもりで最高のタイミングを見計らって牽制のサインを出す。これがハマったときの快感は、経験したことがない方には理解出来ないでしょう。「してやったり!」と、心は踊っています。

ランナーへの〝餌撒き〟はいつから始まっていたのか、騙された瞬間はいつなのか、どこでどんなサインが出ていたのか……。もし牽制でアウトになるまでの一連の〝物語〟を、一部始終すべて通して見ることが出来たとしたら、面白いかもしれません。

ちなみに、二塁牽制のサインというのは、ランナーを刺すためだけではなく、ピッチャーに間を取らせることを目的として出すこともあります。

投げ急いでストライクが入らないピッチャーに冷静な判断を取り戻させるため、一拍の間を置いて落ち着かせる。なかには「なんでこのタイミングで牽制を？」と理解していないピッチャーもいたりしますが、間を置いて落ち着かせるという目的が果たせれば、それでいいわけです。

もっとも、ピッチャーによっては牽制で余計にイライラするタイプもいますし、牽制やフォーメーションそのものが苦手というタイプもいますので、そのあたりはピッチャーの負担を増やさないように、相手を見ての判断ということになります。

いずれにせよ、傍目には同じ牽制球に見えても、実はただそのときに入れた牽制ではないこともあります。

野球というスポーツは、投げて打って走るという肉体面での戦いだけでなく、騙し、騙されながら撹乱し合う見えない心理戦の一面もあるということです。その心理戦での勝利こそ、

「見えないファインプレー」の最たるものかもしれません。

癖がないのは一流の証明

サインを見破るということについて話をしてきましたが、相手の癖を見抜く力というのもプロの世界では重要な要素の一つです。相手ピッチャーの癖を見つけて球種を正確に予測出来れば、打席での結果は優位な方向に運べるからです。

ピッチャーがモーションに入るその動作には、球種によって変化が出ることが多々あります。言ってみれば、動けば動くほどその要素は大きくなります。

例えばワインドアップであれば、最初にグラブともう一方の手が合わさった位置、目線、表情、頭の上まで上がっていくスピード、グラブの角度、両腕の幅など。セットポジションであれば、セットに入るときのグラブの高さ、下りてくるスピード、グラブの角度、グラブと体の幅、セットポジション完了時の位置など。ここに癖が出ることがあるわけです。

また、牽制なのか、ホームへの投球なのかということにも目を光らせます。この場合は、セットポジションに入った際のグラブの高さやその見え方、顔の角度、あごの位置、足の幅、つま先の角度、左右の肩の高さなどがチェックポイントになります。

これにより、盗塁のスタートを切るタイミングも決まってきます。ユニフォームの皺（これについては後述）や膝の動き、肩の動き方、体重の移動。こういったところを隈なくチェックし、試合に入ってからミーティングどおりで間違いないか、変わっていないか、実際に肉眼でも見えるのかどうかといったことを再チェックして活用していきます。

何度も対戦している相手ですが、何か新しい発見はないものかと毎回チェックは行います。もちろん、ローテーションに入っているようなピッチャーから見つけられることは稀です。どこかのチームが癖を見つけて活用すれば、必ずと言っていいほど、次回の登板では修正してきます。一方、違いが出るという習慣が抜けないピッチャーの場合、修正したとしても別の場所に新しい癖が出てしまったりすることもあります。そういったイタチごっこのようなことをプロの世界では毎度繰り返しているのです。

ではアマチュアではどうかというと、探せばプロよりもかなりたくさん出てくるでしょう。例えば、中学生や高校生、大学生がキャッチャーとサインの交換をする場合、グラブの中で右手に持ったボールの握りが、無意識にストレートになっているケースがあります。これはプロに入りたての選手にも非常に多く、外国人選手にも意外と多く見られます。

なぜストレートの握りがいけないかというと、始めに真っ直ぐの握りをしてモーションやセットポジションに入るわけですから、グラブの中の手があまり動かなければ真っ直ぐ、グラブの中で手が動けばかなりの確率で変化球、ということが予測出来てしまうからです。

それをわかったうえで、わざと真っ直ぐの握りで入ってグラブの中で手を動かすというピッチャーもいるとは思いますが、それがどちらであるかは、試合の中で観察していればすぐにわかります。

また、最近は高校生でもフォークだけではなく、チェンジアップを多投します。これらの球種はボールを手や指で覆うという握り方をします。したがって、グラブが膨らんで見えたり、グラブの指先が開いたり、指の背面が丸くなったり、全体が膨らんだりといった傾向がどうしても出てしまいがちです。これはプロの世界でもたまにあるケースですので、みなさんもよく観察してみると違いがわかることがあるかもしれません。

とはいえ、このような見方も昨今ではスタンダードなものになっているので、隠すピッチャーのレベルも上がっています。一見しただけでは、なかなか見抜けないことも多いかもしれません。ただ、プロのバッターの目からすると、打席に入ってみたらなんとなくわかる、あるいは自分にだけはわかるけども、他人に教えても理解してもらえないということもあります。観察力を養うためにも相手をよく「見る」ことが大切だと言えるでしょう。

ところで、前述した癖を見破るチェックポイントの中に、「ユニフォームの皺」というあまり聞きなれない言葉があったと思います。少し説明しますと、牽制があるかないか、または、盗塁の際にスタートを切る目安となるピッチャーのモーションの動きの傾向で、二ケタの背番号の間やひざの裏側の曲がる部分などに表れることがあります。

セットポジションに入ったとき、大半のピッチャーのユニフォームの背中側には皺が出来ます。その皺の寄り具合で牽制があるかないかが、まずわかる場合があるのです。また、モーションに入り、皺が先行して出来てから動きに出るというピッチャーもいます。

盗塁というのはモーションの早い遅いだけではなく、スタートを切るタイミングがあるかどうかというのも大きなテーマ。キャッチャーの肩がいいというのは、意外と二の次と言えます。

スーパークイックと言われるような極めて小さなモーションで投げられてしまうと、そう簡単ではありませんが、牽制があるかないかとスタートを切るタイミングが見つかっていれば、俊足の選手にとっては絶好のチャンスと言えるのです。

ちなみに、「癖を見破る」ことの逆で「癖を見たくない」という選手もいます。見てしまうとそればかりが気になってしまいますし、または、球種がわかっているとボール球にも手を出してしまうというのが主な理由のようです。

たしかに、そういった傾向は誰にでも多少なりともあることでしょう。例えば、投げてくるのがスライダーとわかっていると、曲がったボールについて行ってしまい、流れていくボールに手が出てしまいがちです。

また、カーブのような遅いボールであると、待っている間に力んでしまいがちです。フォークとわかっていても抜けてくる場合もあります。もちろん、真っ直ぐでも同じことです。さらに、球種がわかってもコースや高さまではわかりません。

これだけではありませんが、知らないほうがいいという感覚主義の選手もいることはたしかです。つまりは癖というのも使いようで、自分の感覚と相談しながら、その信憑性も含めて使うかどうかを判断することになります。まずはそういった癖を見つけることが出来るかどうかというのを試すことからやってみても面白いと思います。

マウンドに集まった選手は何を話しているのか

野球を見ていると、ピンチのときに選手がピッチャーズマウンドに集まり、難しい顔をして何やら相談しているシーンを、誰でも一度は見たことがあると思います。

「ああいうときは何を話しているのですか？」とよく聞かれるのですが、正直なところ、あまりたいしたことは話していない場合がほとんどです。特に若い頃などは、先輩ピッチャーに後輩の私から何か言えるものでもありません。せいぜい「頑張って下さい」とか「ダブルプレーはショート、セカンドどちらが入る」とか、その程度です。もちろん、もうちょっと年齢が上になれば何かひと言くらいは付け足しますが、特別そこで何が言えるものでも、たとえ言ったとしても、ピッチャーに影響を与えられるというケースは多くありません。

ピッチャーによっては、マウンドに集まっても、他人の話を聞く人、聞かない人もおり、大げさに集まられても、面倒くさく感じる性格のピッチャーもいます。

イライラしているピッチャーであれば「もういいよ、大丈夫だよ！」という雰囲気を出していたり、集まっても黙って何もしゃべらないという人もいます。

一方で、集まったことで意見を統一して次のバッターに臨める場合もありますから、集まる効果はピッチャーの性格や試合のタイミングによって異なります。

少なくとも言えることは、集まっている場合は何かしらの根拠があるということで、間を取るという意味合いや相手打線の勢いのようなものを一度落ち着かせ、そのピッチャーがまだいけるのか、気持ちはどうなのか、体力的なものはどうなのかといったことが判断されたりもします。場合によっては内野の陣形の確認やバントシフトを敷くかどうか、牽制を入れるかどうかなどで集まっていることもあります。いずれにしても、危機的な状況にある場合が多いということは言えるでしょう。

こういうときに、内野手の私がタイムをかけるということは、まずありません。そもそも「タイム」というのはゲームを一回すべて中断することになるため、「ちょっとすみません」程度で行っていいものではありません。ピッチャーのペースやバッテリーとしての考えもありますから、内野手としてタイムをかけるのはかなり気を使います。

わざわざタイムをかけて選手を集めなくても、ピッチャーのところへ走り寄ってひと言短く伝えれば済みますし、実際にそうしていました。

例えばこんなことがありました。

バットコントロールに定評があるバッターが、終盤の打席で何球もファウルで粘っていたときのこと。ピッチャーが何を投げてもファウルにされ、投げる球種に困っていました。守っているこちらも疲れますが、ピッチャーはそれ以上にきつい。

どうしたら簡単に終わってくれるか守りながら考えていましたが、こんなときはだいたい答えは決まっています。「セットポジションの時間を長くして間を変える」もしくは「(超スローボールなどの）突拍子もないボールを投げる」です。

まともに相手にしているとつまらない体力を消耗するので、まともにやらないというのが私の考え。その結果が必ずしもいいかどうかは保証出来ませんが、これまでそんな場面でそうピッチャーにアドバイスして打たれたことはありませんでした。相手の間を崩し、狙いどおり次のボールで凡打させることに成功したものです。

ファールを打つバッターというのは一定のリズムであると同じようなことをしやすいもので、その時間に変化を入れると結果も変わりやすい。ただ、いくつかのケースを見てきた経験から言うと、急なモーションで投げた場合は意外とファールにされやすく、長く持って考える時間を作らせ、構えを固まらせるという方法のほうが上手くいきやすいようです。

また、スローボールなどの突拍子もないボールについては、そういうケースではバッターの頭にまったくないボールですので、どうしても力んでしまい、こちらもけっこう有効です。100％の保証は出来ませんが、やってみる価値はあるでしょう。

プロのピッチャーですからそれなりの対処マニュアルがあるとは思いますが、何球も粘られているうちに、バッターとの対決ゾーンに入り込んでしまい、周りが見えなくなってしまうことがあるのも事実です。そういうときは、後ろで守りながら俯瞰して見ている内野手がひと声かけて、ピッチャーに程よい間を与えてあげることは大事なことです。

また、その日のピッチャーの調子の良し悪しも、後ろで守っていればわかるものです。

私が気にして見ていたのは、セカンドから見える「ボールの大きさ」です。特にコントロールのいいピッチャーであれば、ボールの軌道や勢い、バラつき方などがよくわかります。そのうえでボールの見え方を自分なりに観察します。

例えばその日、出来のいいピッチャーというのは、いわゆるキレとスピードが乗っているためなのか、きれいな軌道でボールは小さく見えます。これが逆に出来が悪い場合であると、ボールにいわゆる伸びのようなものがないためか、非常にボールがよく見え、そのボールが大きく見えます。

もちろん、私にはそういった感覚で見えたものが、人によってはまた違った感覚で見えるということもあるでしょうが、いずれにしても、よく観察していれば、いつも見ているピッチャーの球筋の違いはわかるはずです。

自分のチームのピッチャーの出来を頭に入れながら守ったり、そのことをピッチャーに伝えて、その日の対策を考えたりすることはあってもいいと思います。

自分のチームを観察して、その試合で必要なアイデアをマウンドで集まったときやベンチにいるときなどに出し合うということも、チームとして必要です。それが浸透すれば大きなチーム力になるでしょう。

そういった一人ひとりの「見えない小さなファインプレー」を結集し、強いチームを作り上げていくということが野球には求められるのです。

足が遅くても「グリーンライト」はある

ランナーとして出塁した場合に自分の判断で自由に盗塁出来ることを「グリーンライト」と言います。

一般的にグリーンライトというと、一部の特別足の速い選手だけに与えられた〝特権〟だと勘違いされている方もいるでしょう。しかし、実際にはそんなことはありません。というよりも、そうであってはいけないということが言えます。

これはチームや戦い方などにもよるので一概には言えないところはありますが、基本的には「いつでも行っていい」という習慣にしておかないと、足に自信のない選手はずっとベースに張りついたままになってしまい、少々リスクがあるならいかないほうがいいという考え方が身についてしまいます。

少なくとも、中盤までなら自分の判断で行ってもいいとか、あるいは行ってはいけないときには「走るな」のサインを出すといった方法のほうが選手の積極性を促せます。

例えば、「サインが出るまで走ってはいけない」という方針が習慣化した場合、自分から相手の癖を見抜く、または、どのタイミングで走ってやろうかという野心が失われ、いざ「走れ」と言われても、いいスタートにはなりづらいものです。作戦として盗塁のサインを出すという場合はそれなりの理由があるケースに限られるため、それ以外の主導権はあくまでも選手が持っておくべきなのです。

ですから、足が遅かったり、盗塁数が少なかったりする選手でも、塁に出れば「走るとしたらどのタイミングか」を投球ごとにイメージし、常に走る意欲を持っておくことが理想的です。

実際、あまり盗塁するイメージがない落合博満さんはジャイアンツ時代の3年間で4つほど盗塁しており、日本ハム時代には三盗も決めています。野村克也さんが100盗塁以上しているということも意外に知られていません。走らないと思われている人ほどノーマークになるわけですから、走る選手よりも成功する確率が高くなることがあるわけです。

私が入団した当時は長嶋監督でしたが、長嶋監督の野球というのは選手主体。選手の判断で動いたことに対しては、失敗してもほとんど何も言いませんでした。腹の中では「何やってるんだ！」という思いもあったとは思いますが、暴走を叱られたこともありませんし、盗塁でアウトになったことを咎められたこともありません。そういった失敗と成功を繰り返しながら選手は方法を見出していくものだと私は考えています。

ちなみに、日本のピッチャーは牽制が非常に上手です。特に、ローテーションで投げているピッチャーの牽制には癖がなく、動きも速い。また、ほとんどのピッチャーはクイックモーションが速く、簡単には走られない準備が整っています。そんな中で走るのですから、ただ足が速いというだけでは数も確率も上がりません。数多く走る選手がいかに技術と研究に長けているかということを知っていただきたい。一つひとつの盗塁には奥深いものがあると感じて見ていただくと、見方も変わるのではないでしょうか。

実は最近、盗塁の上手い選手たちに、どんなふうにスタートを切っているのかということを聞き回っています。野球教室や指導者講習会などで盗塁の方法をよく聞かれるためです。

私も自分なりのものはもちろん持ってはいるつもりですが、やはり盗塁の数で勝負している選手たちには敵いません。それぞれの選手にそれぞれの方法を聞き、実際自分でも試してみることで新しい発見があります。

足の使い方、体重のかけ方、スタート時のイメージや動きは一人ひとりまったく違い、聞いてみるとこんなに方法があるのかと驚かされます。

そこまで聞くと、読者の方も「どんな方法があるのだろう」と興味が湧くと思います。残念ながら、選手たちが持つ技術なので、すべてを勝手に紹介するわけにはいかないのですが、一人だけ紹介することにします。

これは2015年現在ソフトバンクでコーチを務め、1996年のパ・リーグ盗塁王に輝いた村松有人さんに聞いたものです。リードからスタートでの重心や足の使い方ですが、村松さんの場合、リードをしているときに両足の親指から踵にかけての足底の内側部分から、じわじわと土を外側に押し込むように力をかけるそうです。そして、スタート時にその力を逆の内側に利用します。

文字で説明するのがなかなか難しいのですが、押していた力を利用して左右の足を入れ替えるようにスタートするというイメージでしょうか。内側に戻された両足は、伸ばされたバネが一気に縮むように素早く入れ替わり、左足がスタート方向へ、右足は回転がしやすいように後ろへと動いていきます。

「その場で回転していては進まないのでは？」と思われるかもしれませんが、実際にはスタート方向へと力が加わっているので、体が移動しつつ、回転と左足の蹴りが生かされるということになります。

実際に私もこの方法を試してみたのですが、思いの外、動きが速くなったのが実感出来て、その道のプロの違いを思い知らされました。

こういったことは本人が研究を重ね、自分なりのベストの方法を作っていくもので、言ってみれば、「意欲」から出来上がったノウハウです。自分の意思でスタートを切ろうと考える選手には、こういったことが身につくという素晴らしい例と言えます。いつ行けるのかわからないという環境では、おそらくここまで考えることはなくなってしまうでしょう。

このような猛者がいるからピッチャーはモーションを研究し、猛者はさらに自分を磨いて勝負する。これぞまさにプロ。見えないところでのせめぎ合いが、お互いを成長させる糧となっているのです。

盗塁成功。盗塁失敗。牽制アウト。

それぞれは単なる1プレーの結果ではなく、深い心理戦やお互いの技の争いによるもの。これらを「見えないファインプレー」として捉えられるかどうか、目を凝らしてよく観察してみてください。

三塁コーチは「景色」で見る

侍ジャパンのコーチに就任し、はじめて三塁コーチャーというものを経験させてもらいました。

自分の判断が勝敗に直結してしまう重要な役割です。覚悟を持って務めなければならないものだと感じます。

私は野球には「確率」と「セオリー」の使い分けが必要だと思っています。

守備で言えばポジショニングなどはその典型。

飛んでくる確率の高いところにあらかじめポジションを取るということは当然のこと。しかし、ランナーがいなければ万が一の確率は捨ててもかまいませんが、ランナーを置いた場合は、出来るだけセオリーに比率を置き、万が一にも備える必要がある。

もちろん、ランナーがいても思い切って動くということがないわけではありません。ベンチが確率を取るということであるならば、それはそれで結構なこと。

しかし、個人の判断で動くならば、チャンスが広がる、または、点が入る危険性を考慮し、低い確率をも頭に入れておくべきであり、確率を取っていれば捕れたのにという当たりに関

2015年3月に行われた侍ジャパン強化試合（対欧州代表）で、ホームランを放った山田哲人選手とタッチする著者（写真提供：アフロ）

しては、いい当たりなので仕方がないと割り切るべきです。

これは、独自の判断はその本人にしか理解出来ないことが多く、大事な場面で確率は低くてもそこへ飛んでしまった場合、単なる判断ミスと捉えられてしまうからです。

責任逃れというふうに捉えられるかもしれませんが、万が一の確率だとしても大事な場面での独断は失敗すればただの愚策となります。そこは冷静に判断しなければなりません。ランナーコーチャーもこれと同じようなことが言えると考えています。

基本的には自分がそのランナーになったつもりで判断をする。コーチャーはあくまでも選手が見えないから、または、走っている状況では試合の展開や後のバッターとの兼ね合いなどが冷静に判断出来ないからいるものであり、それらがすべて出来るのであればはっきり言ってそれほど必要とはされないはず。野球そのものがそうであると言えますが、プレーしている選手の判断は、ときにベンチよりも的確であるということが言えます。ですから、出来るのであれば、選手の判断を重視する、尊重するということも考えなくてはなりません。

しかし、現実的にランナーが見える範囲やその状況で出来る判断は限られます。そのためには、やはりコーチャーの存在とその判断は重要です。

浅い経験ですが、私が気をつけていることは、「もしその選手の後頭部に目があったとしたらどうするか？」ということ。その人の足の速さや進み具合と状況を合致させ、もしその本人が全体を見ることが出来たらどうするか。

ただ、ここでの判断に、ランナーとして消極的か積極的かは考えません。純粋に走りだけを考えて判断します。選手側の「行きたい」「行きたくない」といった感情が仮にあったとしても、怪我などの理由がない限り、その感情はこちらでいったん預かります。

特に、1塁から長打でホームに返すかどうかの場面では、ランナーの後ろの目になる必要があると言えます。外野の位置や投げるタイミング、送球の良し悪しなどを勘案し、もし自分がその選手であったらどうするかも含め、その選手の足でセーフかどうかを考える。そのうえで、こちらの判断を上乗せして決断することが理想的だと考えています。

そういった瞬間に思うのは「景色」の感じ方の重要性です。

これは経験者の方々も同じようなことを言っていると聞きました。私など駆け出しで偉そうなことを言えるほどの経験はありませんが、「景色」は共通する判断材料のようです。

先ほど言ったように、判断する瞬間に見えるのは、外野がボールを持っている位置、投げるタイミング、中継プレーなら内野の位置や送球を受けるタイミングなど。そうした「景色」を背景にランナーが差し込まれ、その瞬間の見え方によって回すのか止めるのかが判断されます。もちろん、足の速い遅いは事前に考慮しますが。

しかし、判断出来る景色は一瞬です。どのタイミングの景色で判断するのかということがコーチャーとしての能力ということになるのでしょう。

一瞬の判断が点になるというだけではなく、勝敗をも左右することもあるわけですから、コーチャーという仕事に重い責任を感じずにはいられません。

あの場に立つことには〝覚悟〟が必要だと思っています。

セイバーメトリクスは日本よりもメジャー向き

映画『マネーボール』で日本でも一躍知られるようになった「セイバーメトリクス」が、メジャーリーグでは広く浸透しています。野球を数理分析して統計学的に見る理論体系で、最近は日本でも一部で「ＯＰＳ」（出塁率と長打率）や「ＷＡＲ」（そのポジションの代替可能選手と比べてどれだけ勝利数を上積みしたか）、「ＷＨＩＰ」（投球回あたり出した走者の数）といった総合評価指数で選手が分析されるケースも見られるようになりました。

今まで目に見えなかったデータや、記録にならなかった要素が数値化され、それが選手を分析する指標となるわけですから選手たちも辛いところです。

例えば、しっかり芯でとらえていい当たりを繰り返しているバッターなのに、不幸にも野手の正面ばかりを突いてしまい、結果としてアウトが続いている場合、たとえ４打席０安打で打率が０割でも、打撃そのものが悪いとは必ずしも言えません。

セイバーメトリクスには、そういう状態を分析する「ライナー率」（ライナー性の打球÷総打球）という指標もありますし、もっと言えば、「どれだけ空振りしないか」を推し計る「コンタクト率」（コンタクト数÷スイング数）というものまであります。

プレーする側としては丸裸にされて細かく分析されてしまうわけですから、そういう意味では今の選手たちは本当に大変だと思います。

しかも、敵チームのスコアラーが見るだけならともかく、今はネットで一般のファンまでがあらゆる数値を見ることが出来、それをもとに「この選手は打率が低いが意外にいい選手だ」「あの選手は勝ち星が多いだけで内容が悪い」と解説者のように評論するわけですから、選手たちは複雑です。

少し前までは、出塁率や長打率くらいで数字遊びのような記録はありませんでした。「細かい数字ばかり見ないで、もっとシンプルにプレーを見てくれよ」というのが今の私の正直な実感です。

個人的には、細かいデータ分析はそれなりに意味もあり、否定するつもりはないのですが、かといってそればかりにとらわれていると、プレーそのものの奥深さなどに目が行かなくなってしまいます。

実際、セイバーメトリクスは一つの統計として「結果」を見る分にはいいかもしれませんが、それを元に人の感情や技術の変化までを知り得ることは出来ません。あくまでも結果から見る傾向です。使えるデータはたくさんありますが、その都度すべての結果に当てはまるものでもありません。もし、それを知ったうえで相手が対峙してきたら、効果はまったく逆になります。

データを活用することは今では重要なことですが、選手としては感性も重要です。データを頭に入れ、ときに感性を生かす。データの多い現在の状況はよくもありますが、あまりにもそこに頼りすぎ、プロだからこそ持ち得る勘のようなものが薄れていくのはもったいないことです。

セイバーメトリクスは、それはそれで奥が深い世界です。日本の野球にこの概念がこれからどの範囲まで浸透するかはわかりませんが、日本流にいい意味で取り入れながら、新たな角度で選手評価が出来るようになるのはいいことだと思います。

ただ、重ねて言いたいのは、「数字で野球のすべてがわかるわけではない」ということ。人間が行っている面白さが人を引きつけるのだと思っています。

投手と野手は仲が悪い？

「ピッチャーと野手って仲が悪いの？」

いろいろな人から、たまにそんなことを聞かれることがあります。結論から言うと、もちろんそんなことはありません。ただ、コミュニケーションを取る機会が少ないということは言えると思います。

小中学生の野球であれば、練習や試合が終わってから全員で駄菓子屋にでも寄って、ポジションに関係なくワイワイ話すようなこともあると思いますが、プロでは練習の時間も内容も場所も、投手と野手ではまったく異なります。同じチームに所属する同じ野球選手でありながら、練習などの方法や時間の使い方がまったく違うのです。したがって、練習中にピッチャーと交わるということはほとんどありません。練習が終わるまで顔を合わせる機会が全然ないという野手とピッチャーさえいます。

なかでも最も違うのは先発ピッチャーです。

当然のことながら、投げる試合よりも投げない試合のほうが多いわけですから、野手とはまったく異なります。けっして野手が（レギュラーなら）毎日試合に出るから嫌味で言っているわけではありませんが、登板に向けての練習をし、登板し、どこかに休養を挟みながらまた登板へ向けて調整する。それが1シーズン続くことになります。

ピッチャー陣は基本的にはウォーミングアップ、キャッチボールまで全体で行うことが多いようです。走ることや細かいトレーニングは別々ですが、だいたい同じような場所で練習を行うため、試合では一人で投げているので孤独な印象がありますが、野手の目からは「仲間でまとまっている」という印象があります。

一方、野手は試合前の練習ではバッティングの時間がメインと考えます。ですから、極端なことを言えば、他の選手のバッティング練習が始まっていても、自分のバッティング練習の時間に間に合えばいいわけで、その時間に来ないのであれば遅刻とみなすというのが一般的です。

ピッチャーが時間に集まって全員でウォーミングアップをするのに対して、野手はウォーミングアップからしてバラバラですから、試合前の練習で野手同士が「一緒にやろうぜ」などという場面は少なく、キャッチボールでさえも選手ではなくバッティングピッチャーの方やスタッフ、コーチといった人とやる場合が多いのです。

というのも、野手の場合、キャッチボールは誰が相手でもそこそこ出来れば十分。ですから、いつも近くにいた人が相手となります。野手というのは試合の中ではたくさん人数が出ていますから、いつも皆でまとまっていると思われがちですが、意外と練習などは孤独なのです。毎日試合に出ることを考えれば、放っておいてもらったほうが楽と言えば楽なのかもしれません。

ある程度まとまって練習などをし、試合ではマウンドで一人になるピッチャー。練習ではバラバラですが、試合では束になる野手。それだけでも両者の性質は違ってくることが容易に理解出来ると思います。

また、野手の一日は常に時間に追われています。

バッティングの時間から逆算してウォーミングアップをし、ノックや走塁練習をバッティングの前後に行います。練習が終わってユニフォームを着替え（ちなみに、プロ選手は練習後、着ていたものを全部着替えます）、それから食事。食事が終わると少しの休憩時間を挟んでその日の相手ピッチャーのミーティング。それが終わると全体のミーティング。それが終わるとシートノック。試合が終わってやっと解放ということになります。解放と言ってもそれからウェイトトレーニングなどを行う選手も多いため、それが終わってやっと帰宅となり一日が終わります。

一方でピッチャーは、これと比べると少しゆったりしています。シートノックがないということと中継ぎ以降のピッチャーであれば、登板までには時間があるということが理由です。

ちなみに、細かい話ですが、野手の場合、マッサージは来た順に早い者勝ち。またはレギュラークラスやベテランが優先的という場合もあり、時間が重なると受けられないこともあります。一方、ピッチャーは毎試合順番が決められ、必ず受けられるようになっています。

毎日準備をし、肩を酷使しているので当然のことなのですが、野手からすると非常にうらやましく思えたものです。特に先発ピッチャーはうらやましい。

「やっぱり野球はピッチャーだな」

よくそんな冗談を野手同士でしたものです。

基本的なピッチャーと野手の毎日のパターンの違いについてはわかっていただけたかと思いますが、これらはチーム事情にもよりますし、個人差もあるとは思います。ただ、共通する時間が少ないために話す機会が発生しなければ込み入った話をすることもなく、特に話さなくても済んでしまう関係性だとも言えます。

しかしながらチームメートですから、楽しく話す時間があれば出来るだけ話をしたい。また、試合に関するコミュニケーションもなるべく取っておかなければいけませんから、お互いにそこは気を利かせることもあります。

こうした中で、ある先輩の姿から学んだことがありました。

ある試合後のこと。その試合の先発は工藤公康投手。素晴らしい内容のピッチングながら野手の援護がなく工藤さんは負け投手。野手としては悔しい、そして申し訳ない試合でした。

試合後、ロッカーからを出て帰ろうかという清原さんがサロン（選手が食事などをする場所）でくつろぐ工藤さんにツカツカっと寄って行き、ひと言声をかけました。

「工藤さん、今日はすんません」

自分が打てなかったことで勝たせてあげられなかったという思いがおそらく強かったのだと思います。

工藤さんも「何言ってんだよ、大丈夫だよ。気にすんな」そう切り返します。

そんな二人の姿を見て、「そうだよな。これだよな。チームとは、そうでなければいけないよな」そう思わされました。以後、出来るだけ自分もそういうふうに声をかけようと心がけるようにしました。

バッターに直接対峙しているピッチャーと、後ろで守っている野手とでは、同じグランドでも、考えていることや、見ている風景はかなり違います。バッテリーに見えないものが野手に見えることもある。また逆に、バッテリーにしか感じ取ることが出来ないこともたくさんあると思います。そこから生まれる野球観が、両者の間で違ってくるのはある意味当然のことであり、これを完全に一致させるというのは難しいでしょう。

投手と野手。

野球という同じスポーツをしながら、見え方や考え方、発想もまったく違います。毎日のルーティンも違い、交わることの出来ない存在にも感じます。認め合わなければいがみ合うことにもなりかねません。

チームが上手くいくことの一つに、双方の関係性というものがあるようにも思います。

監督とヘッドコーチの理想の関係

野球選手を「投手」「捕手」「野手」に分けるとしたら、最も監督に適しているのは捕手出身とよく言われます。しかし、野村克也さんが有名でそう言われているのかもしれませんが、歴代監督の勝率だけを比較してみると、捕手出身の監督が突出しているというわけではありません。

では、「名監督」の定義とは一体何でしょうか。

勝ったから名監督なのか、名監督だから勝ったのか、また、勝てなかった監督には名監督がいないのか。プロが勝負する世界である以上、結果がすべてだと言わざるを得ないのでしょうが、勝つことには様々な背景があります。勝敗にとらわれず、それぞれの監督の特徴やそのときのチームカラーを見てみると、単に結果だけでは言い尽くせない見えない部分も見えてきます。

例えば、チームの戦力が整わないタイミングでは誰が監督に就いても結果は厳しいものになります。ベテランばかりになってしまった、これから伸びていく選手たちが出てきたばかり、ピッチャーの頭数がいない、期待した外国人や補強選手が上手く機能しなかった、そしてけが人が続出した……のように様々な要因が考えられます。

しかし、これらを「勝てない理由」にすることが出来ないのが監督という仕事であり、どんな背景があっても「勝てない責任は監督にある」と結論づけられ、結果として選手を育成する期間すら許されないまま、チームを去ることになってしまう例も非常に多くあります。

もちろんプロの世界ですから、選手も首脳陣も結果がすべて。ポテンヒットばかりでも首位打者は首位打者であり、たった一度の日本一でも「優勝監督」「日本一に導いた監督」という肩書はついてきます。実際、結果を出すには相応の理由があるもので、逆に「下手を打つ」人にはそんな好結果がついてこないのも事実です。

しかし、もう一歩というところで止まってしまった選手や監督の中にも評価されるべき人たちがたくさんいるというのもまた事実で、私としては一概に結果だけで判断するべきではないと考えています。

例えば、2012年からDeNAベイスターズを率いた中畑清監督です。大先輩を評価するなど大変失礼だとは思いますが、明るいキャラクターでファンやマスコミを引きつけ、チームを作り上げてきた手腕はもっと評価されるべきでしょう。若い選手が伸び、着々とチームの形を作り上げてきたこの期間は今後必ず生きてきます。結果的に順位は振るわなかったものの、期待を持たせるチームになったことはたしか。球団に対する貢献は大きなものであったと私は感じています。

ジャイアンツを率いた原辰徳監督も1度目の就任時、初年度は日本一に輝きましたが、2年目は苦しい年となってしまいました。2度目の就任時でも、初年度は苦しい年でした。その後、常勝ジャイアンツを取り戻しましたが、常に強いチームを作れる監督であっても、けが人や不振にあえぐ選手が多ければ勝つことは難しいのです。その中の一人であった私は、今でも原さんに大変申し訳なく思っています。「監督だけではどうにもならない」という典型例だったようにも思います。

また、「監督だけでは……」という話から言えることは、参謀となるヘッドコーチ（チーフコーチ、総合コーチ）の存在も極めて大きいということです。「三人寄れば文殊の知恵」と言いますが、凡人でない人が意見を出し合えば必ずいい答えが出るはず。監督を一人にしないためにも意見を言える存在は貴重です。「監督の言ったとおりに」ということばかりでは結果的に監督を孤独にさせてしまいます。監督が安心出来る、また、違った目で見られる存在が近くにいることで好判断を引き出す要因になる。そんなバランスも必要かと思います。

例えば、監督がピッチャー出身であれば野手の見方で意見を出せる人が必要であり、反対に、監督が野手出身であればピッチャーとして、また、キャッチャーとしての意見を持つ人が必要となります。プロとは言ってもポジションの特性がありますから、何でもわかるわけではありません。わからないことは専門の人に任せる。そういった考え方で成功をされている監督もたくさんいます。

落合博満さんが中日の監督を務めていたときは、森繁和さんがその役目を担っていました。落合さんもピッチャーのことは任せているといったことを話してくれたことがあります。全幅の信頼を置ける存在がいることは、やはり大きな力なのだと感じました。

また、星野仙一さんが阪神を率いていたときの島野育夫さんのように、コーチや選手との橋渡し的なヘッドコーチも貴重です。敵として見ていましたが、非常にまとまりがよく、素晴らしいチームを作っていたように思います。精神的な繋がりを持つヘッドコーチというのも欠かせない存在なのだと知らされました。

私にはまだ大きな経験がありませんが、侍ジャパンU—12代表の監督という立場でも、一人ですべてをこなすことは出来ません。

ゲームプラン、試合中の作戦では監督が気づかないこともたくさんあり、客観的な視点とその人の経験から出る意見は監督の選択肢を増やしてくれる貴重な材料です。

野球というのは、目の前で起きたことに突発的に対応しても間に合いません。試合の流れを読み、出来得る限りの準備をあらかじめしておくことが求められます。その準備の手助けをしてくれる参謀は、監督にとって支柱になることもあるのではないでしょうか。

監督が口を開く前に「これどうしますか」と動いてくれることで、監督の負担は各段に軽減され、作戦の精度も上がっていきます。ヘッドコーチや参謀的な存在なくして名監督は存在しないといっても過言ではありません。

これまでいろいろな方々を見てきて、心からそう感じています。

プレーイングマネージャーの可能性

捕手出身の監督と言えば、「選手兼任監督」(プレーイングマネージャー)を2年続けた中日の谷繁元信さんがいます。2015年シーズンは、野村克也さんが保持していたプロ野球最多記録を更新する3018試合出場を達成しましたが、残念ながら現役については同年に引退を発表し、2016年度以降は監督専業でいくことが決まっています。

私が現役だった頃の球界を代表するキャッチャーと言えば、古田敦也さんの名前がまず挙がりますが、谷繁さんも素晴らしいキャッチャーでした。その日のピッチャーの調子を見極め、ピッチャーのよさを引き出しながら、「強気」なところ、または「無難」なところを実に上手く使い分けていた。ピッチャー陣からも慕われる人望とリーダーシップを持つ歴史に残るキャッチャーでもあったと思います。

また、古田さんもプレーイングマネージャーとして2006〜2007年の2年間、ヤクルトを率いていました。その当時はプレーイングマネージャーという存在が久しくいなかったため、「代打オレ」といったフレーズが新聞の見出しにもなっていました。しかし、なかなか思うような成績にはなりませんでした。やはりそこには選手との両立の難しさ、また、チームを率いたタイミングなどもあったと思います。簡単ではないということは見ていてよくわかりました。

プレーイングマネージャーというのは、選手という感性を持ちながら監督という立場で野球を見る。選手との距離は他の監督よりも近いということもありますが、その距離の近さがかえって微妙な距離感になってしまうとも言えます。どちらに上手く傾けるのかというところが、プレーイングマネージャーという〝特殊な監督〟の手腕ということになるのかもしれません。

いずれにしてもそう頻繁に事例があるわけではありません。どんなことが成功でどんなことが失敗なのか？　それは経験した人にしかわからないことです。かといって、プレーイングマネージャーを2度も3度も出来る人はまずいないでしょうから、前例のない中で引き受けている人たちの苦労や困難はその人たちの中で克服し、消化していくしかないのでしょう。

難問であろうことを知りながら、見えない壁に立ち向かっていったプレーイングマネージャーの方々の、「見えないファインプレー」に拍手を送りたいと思います。

第6章 未来への「ファインプレー」

解説は「否定」から入らない

テレビやラジオでの私たちの仕事は野球を楽しく見てもらうというだけではなく、プレーの背景にはどんなことがあるのか、一瞬ではわからなかった出来事を野球ファンに出来るだけ理解してもらえるように伝えることだと思っています。

また、グランドでプレーしている選手たちは、狭き門をくぐり、努力を重ねてあの舞台に立っています。その選手たちがどれだけ凄い仕事をしているのか、何がどう凄いのか、なぜそういうプレーが出来たのか、その理由を説明するのも、それが出来るのも私たちです。言わば同業者ですから、いいプレーが出来た理由もミスをした理由やその気持ちもわかります。それが私たちのすべき仕事であり、役目でもあると思っています。

その中で、一つ心がけていることがあります。

それは、「肯定から入る」ということです。

引退してみるといろいろなことが客観的に見えるようになり、いいプレーはもちろん、悪いところもよく見えるようになってしまいます。これは、プレーしている選手たちのほとんどが後輩選手であり、どうしても「自分のほうが出来ていた」という錯覚をしてしまうからだと思います。ですから、どうしても否定的な意見になりがちで、「あの選手はこういうところが足りない」とか「こんなことが出来ていない」といった上から見下ろすような言葉が並んでしまいます。こういった解説は時と場合にもよりますが、出来れば避けるべきでしょう。誰のためにもなりません。

例えば、毒舌や辛口をウリにしているような人は、よくこんな感じのことを口走ります。

「なんでこんなことが出来ないんだ？」

言葉こそ出てきませんが「バカじゃないの」と言っているかのようなコメントです（実際、たまに本当にそう口走る方もいますが）。こういった話を聞いた視聴者、ファンの方はどう受け取るでしょうか。

「ああ、そうか。こいつは出来ない選手なのか」「こいつバカなんだ」となるのではないでしょうか。

しかし、やっている選手はプロです。他の人がやれば出来るのかというと、そんなはずはありません。プロの選手が出来ないのですから視聴者の方が出来るという簡単なものではありません。ましてや引退した人も昔なら出来た可能性はありますが、現在はほぼ無理です。なんで出来ないのかとは言えても、どうやったら出来るのかということを明確に教える、または伝えられる人はそう多くいません。無責任に吐き捨てるようなコメントは、野球界にとってもマイナスにしかならないのです。

昔、ある人がこんなことを言ったことがあります。

「褒めるのは簡単でしょう」

はたしてそうでしょうか。たしかに上っ面だけで褒めるのであればそうかもしれません。しかし、その選手のどこがいいのか、今のプレーのどんなところが素晴らしく、それをするためにどんな動きや考え方が必要だったのかといったことを答えるためには、そのプレーを細かいところまでよく見なければなりませんし、その選手の普段のプレーにも着目していなければ出来ません。褒めるのは簡単だから欠点を探そうというのは、単なる横着か、意地が悪いのか、または自分のことをよほどすごいと思っているのか。「褒めるのは簡単」なのではなく、むしろ否定なら誰でも出来るとしか私には思えません。

たしかに、各チーム、各選手、それぞれ突っ込みどころはあります。「もっとこうした方がいい」「ここを変えたらいいのに」といった感想や印象は持ちます。しかし、「だからダメ」という結論ではなんの解決にもならない。見ている人にも、そういった文字を見た人にも「悪いプレーが起こった」ということしか残りません。どうしてそうなったのか、実際にはどうするべきだったのか、そのときに選手はどんな心境にあるのかなど、同業者だからわかる答えが求められているはずなのです。問題点を発見し、指摘することもプロであれば必要なことですが、否定で始まり否定で終わるのではなく、指摘された本人たちも納得するような結論でなくてはいけないのだと思っています。

もちろん、褒めるだけのいい人ではいけません。ミスを説明するときと同じこと。「今のプレーは凄かったですね」だけで終わるようでは話になりません。何が凄くて、どうしてそうなったのか、その選手の気持ちはわからなくても、出来るだけその選手になりきって、答えを考える。そうすることで選手たちがやっていることの凄さや難しさが伝わるのではないかと思っています。

また、野球をしていない人にも野球の技術や面白さを理解してもらいたいと考えています。これから野球を始める子どもたち、その子どもたちを支援する親御さんたち、そういった人たちにも伝わるように言葉の選び方にも気を配り、一人でも多くの人に興味を持ってもらうことも私たちの役目です。

「俺たちの時代はよかった」

そんな時代はとっくに終わっています。一番偉いのはそのとき輝いている選手たち。

いつの時代も選手たちが輝けるように、応援してくれるファンが楽しめるように私たちは心がけなければなりません。100年後はわからないけれど、せめて50年後は考えたい。どんなスポーツでも、携わった人間にはそのスポーツの将来を考える義務があるのです。

「パ強セ弱」の原因はDH制

2015年のセ・パ交流戦は、パ・リーグが61勝44敗（3分け）と大きく勝ち越しを決め、勝率1位もパ・リーグのソフトバンク（6割6分7厘）。さらに12チーム中、1位〜5位までをパ・リーグが独占するという「パの圧勝」という形で幕を閉じました。

これでパ・リーグは過去11年間で10度目の勝ち越し。セ・リーグは勝率5割を超えたのが阪神（10勝8敗）だけで、その阪神もパ・リーグ最下位のオリックスに3連敗を喫したり、リーグ首位（当時）のジャイアンツが7勝11敗と負け越してワースト2位になったりと、セ・リーグとしては残念な結果となってしまいました。

「パ強セ弱」と言われる現象については様々な要因が指摘されているところですが、最大の原因はやはり「DH制」の有無の違いからくるチーム構成とその戦い方ということが考えられます。

セ・リーグのオーダーには打力が計算に入らないピッチャーを一人置いているため、実質8人の打順を組むことになります。しかも、キャッチャーも打撃より守りを重視されるケースが少なくないため、実質は7人。さらに、「守備の人」と言われるような選手や、試合ごとに選手が変わるポジションなどもあるため、実際に打線として固定されている選手は5〜6人というチームが多く、なかなか「切れ目ない打線」というわけにはいきません。そういった環境で戦わなくてはならないわけですから、ガンガン打つチームというのも出来にくいと言えます。

もちろん、交流戦では試合の半分をパ・リーグの本拠地で行うため、セ・リーグのチームもDHを使うことになりますが、そもそもセ・リーグのチームはDHとして想定している選手を置いているわけではありませんから、守りが苦手な外国人選手などをDHで起用するケースが多いわけですが、その外国人選手の代わりにスタメンで守備につく選手は打力が劣るチームがほとんどでしょう。かといって、代打の切り札をスタメンに入れてしまっては、大事な場面での代打がいなくなってしまうため、結果的に打線が組みづらくなってしまいます。

一方パ・リーグは、DH制を前提としたチーム編成をしているためセ・リーグよりも打線の層は1、2枚厚いのが普通。セ・リーグ本拠地ではDHが使えないとは言っても、選手が余るという表現に近いため、戦い方としては余裕があるとも言えます。

また、投手交代のタイミングもセ、パでは違います。

打線にピッチャーが入らないパ・リーグでは、いわゆる「替え時」というのはあくまでもピッチャーの状態次第。よければそのまま、変える場合でもイニングの頭ということが多い。したがって、ピッチャーもピッチングに専念しやすく、頭はずっとピッチャーのままでいられる。それをそのままパ・リーグが優位である理由としていいものかは難しいところですが、ピッチャーはそれ以外の何物でもないという感覚は、精神的にも落ち着くのではないかと思っています。

一方、セ・リーグのピッチャーは、投げるだけではなく攻撃にも参加しなければならず、ベンチに帰ったからといって、まるまる落ち着く時間になるわけではありません。もう一回投げさせたいという局面でも、打順が回ってきたから交代というケースもよくあります。純粋にピッチングだけが試合ではないというのがセ・リーグです。余計なことは考えず、ピッチングに専念出来ないということは、おそらくピッチャーにとっては負担でもあるでしょう。

これらのいいわけだけでは納得出来ないという声もあるでしょうが、「パ強セ弱」はＤＨが要因であることは間違いではないと思っています。

そもそも、昔からよく戦い方自体がセとパでは違うとも言われています。

一般的にセ・リーグは戦略での戦いが多く、ピッチャーもかわすというスタイルが多いようです。逆にパ・リーグは選手個々の力を前面に出し、力での勝負が主流。そういう戦い方に慣れていると、データが不足しがちな短期決戦の交流戦では、より強さを発揮出来るという面もあるのではないでしょうか。

かつては「人気のセ、実力のパ」と言われたものですが、近年はパ・リーグも観客動員が増え、スター選手も多く誕生しています。

日本野球機構（NPB）が発表した2015年度の観客動員数では、セ・リーグの1351万900人（前年比7・8％増）に対し、パ・リーグは1072万6020人（同5・5％増）と肉薄しています。セ・リーグも頑張りどころです。

いずれにしても、セ・パの実力が拮抗しているとは言い難いこの状況の中で、セ・リーグとしては現状をひっくり返す勢いがほしいところです。さすがにセ・リーグもDH制を今すぐ導入するというわけにはいかないと思いますが、もし実現すればセ・リーグの野球は今よりエキサイティングなものになるかもしれません。

今後、交流戦がどうなるのか？　はたまた野球界は変わるのか？

こういった視点で今後の展望を考えるのも面白いと思います。

2リーグ制とCSは改善すべき時期にきている

DH制について触れたついでに、ここでプロ野球の現在の制度について、個人的な印象と考え方に触れてみたいと思います。

2004年からパ・リーグで復活し、2007年からはセ・リーグでも導入されたクライマックスシリーズ（CS）は、約10年が経過してすっかり定着しています。ファンにも認められ、興業的には大成功と言っていいでしょう。ただ、やはり当初からの懸念は現在でも変わらず、目的が少し方向を変えてしまっているように感じます。

プロ野球チームの最大の目標は優勝です。まずリーグを制し、その年のリーグの代表として日本一を決する大一番を戦う。その結果、紛れもなくその年一番強いチームとして日本一の称号を得られます。それがシンプルで最もわかりやすい方法です。

しかし、それだけでは終盤の盛り上がりに欠け、消化試合と言われるような、ただ行われる試合が多くなるということもあり、3位以上が出場出来る現在のクライマックスシリーズが作られました。

たしかにファンや社会的にも定番化し、興業的にも盛り上がってはいますが、その結果どんなことが起こっているかというと、「1位にはなれなくても3位には入ろう」という風潮が強まっているように思えます。3位に入りさえすれば、その年勝てなかった事実がなんとなく水に流されてしまい、結果として優勝への執着心やリーグ優勝の価値というものが、徐々に薄れてしまっています。そのため「優勝は無理でもなんとか3位までに」という感覚でチームが作られてしまうということも言えなくはありません。

実際、ぶっちぎりのリーグ優勝をしたのにクライマックスシリーズで負けてしまい、日本シリーズには進めなかったという例も出ています。ファンや関係者の中からは、優勝が輝かない制度に対して疑問を持つ声も増えています。

勝負の世界ですから「負けてしまったのだから仕方がないだろう」と言われるかもしれませんが、では長いレギュラーシーズンは単なる順位決めのためにやっているのかという話になります。たしかに、リーグ優勝したチームにアドバンテージは与えられていますが、逆の見方をすれば、優勝チームを順当に勝ち進ませることが目的のようにも見受けられ、ある意味で制度としての矛盾も感じられます。そして、最も大きな懸念として当初から言われていることは、3位同士の日本シリーズになったらどうするのかということ。

「それはそれで面白いじゃないか」という人は、おそらく出場したチームのファンくらい。しかし、お互い3位であるということは、12チームを単純に順位付けした場合、5〜6位の争いということになってしまいます。しかし、それでは日本一を争うというよりも、「その年の最後に目立ったチームを一つ選ぶ」というわかりづらい争いをしているようなものです。実際、リーグ3位のチームが日本一になったケースもすでにあり、そのときも多少なりとも物議を醸しました。

勝負事として、シンプルで誰もが納得する方法に転換する時期が、近い将来に必ずやってくると思います。

一つの例として方法を挙げると、多くの方が言っていることですが、プレーオフ制度を基本線に考えるなら、セ・パの2リーグ制をやめ、12球団を4チームごとの3地区制（例：北地区、中地区、西地区）に分け、その優勝チームと2位の中で最も勝率のいいチームをワイルドカードとして4チームでプレーオフ、日本シリーズを争うというもの。規模は違いますが、メジャーリーグと同様の方法です。優勝チームや準じて勝ったチームしか関われませんが、地区が4チームになることで密接感はあると思います。

ただ、この制度に至るまでに、長い歴史がある2リーグ制を解体しなければならず、その風当たりは予想も出来ないくらい強いものになるということは必至。そこを越えることが出来れば、プロ野球界に進化が生まれるとも言えます。

それ以外にも、スポンサー企業の新規参入や外国人枠など、合理的に改善する方法はこれからも議論されることと思います。ファンの存在と球団やプロ野球そのものの永続的な存続を考えれば、いつかは変革が求められます。

そのときがいつなのか、どんな方法になるのか、それを誰がやるのか。野球界の人間としては興味と期待を持って見守りたいと思います。

オリンピックはアマチュアの目標

日本のプロ野球選手がオリンピックにはじめて参加したのは、2000年のシドニー大会。国際オリンピック委員会（IOC）の方針でプロの出場が解禁となり、日本はプロとアマ（大学と社会人）の混合チームでの参加となったわけです。以降、ロンドン大会で種目として除外されるまで、2004年のアテネ大会、2008年の北京大会ではチーム全員がプロでの参加となりました。

現状では、2020年東京大会での追加種目に野球が選ばれるかが議論されていますが

（11月中旬現在）、個人的にはアマチュアにその権利を戻してあげたいと考えています。オリンピックこそアマチュアの目標であるべきだと思っているからです。

かつては日本の大学、社会人の選手が目指す最高峰の国際大会はオリンピックでした。選手たちは日の丸を背負い、日本の代表として高い誇りを持って戦うことが最大の目標。その経験を持って後にプロ、または指導者への道をたどっていくことが、やがて将来の野球界に大きな影響を与えることにもなっていました。

オリンピックに出場した選手を抱えた会社にとっては、それがステータスでもあり、これからプロに行くという選手にとっては、それがいわゆる〝箔〟となっていたのです。

また、近年は社会人野球の世界も存続が厳しいというチームが増えていますので、オリンピック出場という明るい話題によって、なんとか持ち直すきっかけにもなるかもしれません。

正直、プロがアマを押しのけてオリンピックに出る理由はありません。メダルといってもプロの中でその価値が高いとは言い難く、レギュラーシーズンを中断することや、選手に余計な負担をかけるということへのメリットもありません。

一方、前述したように、アマチュアにとっては国の代表となってメダルを取るということは最高の名誉であるとも言えます。プロには行けなかったが、オリンピックでメダルを取った。その事実は一生ついて回るものです。

野球界の中では、プロとアマの共存は今後さらに発展することが望まれています。将来の野球界にとってプラスになることを優先的に考えていきたいものです。

侍ジャパンに携わる者として

私個人、侍ジャパンではトップチーム（内野守備・走塁コーチ）とU―12（監督）に携わらせていただき、非常に充実した経験を積ませていただいています。次なる2017年WBCでは、小久保裕紀監督のもと、もう一度世界一を取り返すということを目標に置き、ともに歩んでいければと思っています。

また、U―12では育成と教育ということを念頭に、世界に通用する日本の野球の構築を心がけ、将来のトップチームの選手となる子供たちに情熱を注いでいます。

一方で、小中学生世代の代表チームの難しさは、まずチーム作りが容易ではないということ。団体がいくつも存在するため、それぞれの団体の大会日程などによって、選手派遣がなかなか統一出来ず、代表チームという名のもとに世界へ向かうという動きがまだ定着していません。

2015年11月に行われた侍ジャパン強化試合（対プエルトリコ）で、嶋基宏選手がサヨナラ打を放ち、喜ぶベンチ（写真提供：アフロ）

たしかに、それぞれの団体にはそれぞれの歴史があり、日本の野球界の底辺を支えて作り上げてきた功績を考えれば、無理やり統一させることはなかなか難しいでしょう。日本野球界の大きな課題の一つとも言えます。

近年、野球界では野球離れが大きな問題とされています。言うまでもなく、人気のトップはサッカー。日本代表やヨーロッパ・南米の試合での日本人選手の活躍に、子どもたちも大きな憧れを抱いているようです。

サッカーの場合、至るところにフットサルコートがあり、そこではサッカー教室やチームが作られ、手軽にサッカーに触れることが出来ます。

また、Jリーグのチームが持つユースチー

ムでは、英才教育が施され、将来日本を代表するような選手の育成が早くから行われ、早ければ10代でもプロとして認められ、海外移籍なども夢ではない状況にあります。もちろん、その可能性は一握りではありますが、夢をつかむチャンスのあるシステムが出来上がっています。

一方、野球界はどうなっているかというと、学校や公園ではキャッチボールすら禁止。野球が出来るのは野球場のみであり、その野球場でさえ硬式は禁止という場所もあります。

野球スクールのようなものも少しずつ増えてはいるものの、野球に触れられる場所は極めて少ないと言っていいでしょう。加えて、プロとアマの垣根は低くはなりましたが、長年のわだかまりが完全に消え去ったわけではありません。すべて取り払われるということは今後も難しいと思われます。

そのことを最も悟らなければならないのは当然NPB。NPBのリーダーシップというのは今後の野球界の存続を含めた、目標の統一です。そのために何を必要とし、どんなことをしていくのか。そういったことが今後もテーマになってくるでしょう。

そういった意味では侍JAPANを立ち上げた意義は非常に大きいと言えます。プロやアマ、または各世代が同じ「JAPAN」のユニフォームを着て世界と戦う。選手にとっても各団体にとっても、ジャパンの称号は非常に大きなステータスとなるはずです。

プロ側がもっともっとリーダーシップを発揮し、野球の環境整備が施されれば、また変化の時代は訪れると思います。年代を問わず世界一を目指すという明確な目標の下、改革へ向けた動きが今後さらに定着してほしいものだと願っています。

ここでもう少しU―12についてお話ししたいと思います。

私は2014、15年と携わらせてもらっていますが、子供たちに指導をするというのはどういうことかということを、毎回子どもたちから教えられています。

「今の子は……」

私もよく言ってしまいがちな言葉です。何か子供が事件を起こすごとにそう口走る大人は数知れないでしょう。

しかし、子供たちに触れてみてわかることですが、いつの時代も子供は子供です。無邪気であり、小生意気であり、かわいさたっぷりであり、何をしでかすかわからない存在です。

考えてみてください。自分たちもそうではありませんでしたか？

私も子供の頃はろくに勉強もせずに遊び回って、よく食べて、よく寝て、よく怒られていました。子供というのはそういうものです。

では、なぜ昔にはなかった犯罪や思考の子供たちが現代にいるのかと言えば、ずばり大人がしっかりしないからだということが言えます。

子供に携わってよくわかることですが、子供を見ていると、その先に透けて親が見えてきます。要するにいつもどんな生活をしているとか、どんなことを言われているとか、どれくらい甘い環境か、または厳しく育てられているといったことがよくわかる。そんなふうに子供を見ていると、大人によってどんな色にでも子供は染められてしまうのだということを感じるのです。

これは家庭だけのことだけではなく、実は野球にもよく出るのです。

ダラダラとした子供やきびきびとした子供。一生懸命取り組む子とそうでもない子。積極的な子はそう多くありません。常に指示を待つ癖や思い切りのなさもよく目立ちます。

こういった背景にはその子の性格もありますが、普段の指導も関わってきます。

一生懸命子供たちのために指導されている方々はたくさんいます。そういった方々に日本の野球は支えられていると私は思っています。しかし、なかには行きすぎた指導があるということも否めません。

少年野球を見に行くと、試合中聞こえてくるのは子供の声ではなくて指導者の罵声ということがよくあります。

子供なのだから上手に出来ないことなど当たり前。試合においても、大事なのは子供が力を発揮したうえで勝つということ。

バントだ、チームバッティングだ、スクイズだ。

たしかにそういったことが試合の中では必要なこともあります。しかし、前提としては打って、走って、守る。そのすべてを全力で行った結果が勝ち負けなのだと考えるべき。勝つことが最終的には最も喜ばしいことだということはわかりますが、指導の基本は次のステージを考えるということ。

小学生などは野球選手として歩き始めたばかりの存在です。そこで最高の選手を目指したところで中学、高校でもいい選手になるとは限りません。むしろ、早熟な選手を作り出すだけで、将来性は失われていく可能性のほうが高いと言えます。素晴らしい小学生選手を作るのが私たちの役目ではなく、素晴らしい可能性を秘めた選手を次のステージへ送り出すということが重要な役割です。子供たちの伸びしろを常に保ち、高い目標を持つ子供たちの育成が望まれているのだと私は感じています。

また、お母さんたちによる過剰なお手伝いも気になります。ドリンクを用意したり、送り迎えをしたり、まさに至れり尽くせりのケースが多いのですが、それが子どものためになることはありません。

「当番だからやらないとうるさい人がいる」とか、「それが決まりなので……」という現実もあるでしょう。

しかし、重ねて言いますが、子供のためにはまったくなっていません。こんな時代なので送り迎えくらいは仕方がないかもしれませんが、自分が飲むドリンクくらいは自分で持っていけばいいし、お弁当は作って持たせれば食べられます。

もっと言えば、ボランティアでやってくれていると言っても監督は王様ではありません。そこに対する至れり尽くせりも野球をやらなくなる子供が増える原因の一つです。

一日付きっきりでないといけないとか、当番制がきついとか。そんなことで野球をやらせてもらえない子供が最近増えているとも聞きます。

指導されている方々にもお願いしたいのですが、今のチーム運営が本当に子供のためになっているのかということを、もう一度考えてみていただきたい。「今」のその子ではなく、「10年後」のその子に目を向ける必要もあるのだと思います。

指導のウソほんと

昔はゴロを捕るときには、両足を開いて、腰を落として、左足の前で捕りなさいと指導されました。そしてグラブは立てて両手で捕るということを言う人もたくさんいました。はっきり言ってこの言葉のどれもが現実的ではなく、むしろそんなことをしたら余計上手くいかなくなるというものばかりです。

まず、ゴロを捕る姿勢というのは、構えて追っていく姿勢で決まってしまいます。高い姿勢で打球を追っていくようであれば体勢は低くなりづらく、高いままで捕れば頭を下げるしかなくバランスを崩します。

低い状態で打球を追い、なるべく頭が上がらない状態で右足から捕球姿勢に入り、左足に体重移動しながら左足の踏み込むタイミングで捕球するのが基本的な捕球動作。ちなみにグラブは体の真ん中で、重心移動をするために左寄りに見える、または感じるだけです。そして、グラブを立ててしまうと、グラブを閉じることが出来なくなるために、極端に立てることは厳禁。

両手で捕るというのも、両手を同時に使ってしまうと動きが鈍くなるので、両手で捕るのではなく、両手を結果的に使うという発想。グラブに入ったボールを右手に持ち替えるために添える、または、グラブから出ないように覆うという感じでしょうか。プロの選手はグラブをグチャッと閉じるようには使わず、いかにスムーズに投げる手に握り替えるかを考えているために捕るという感覚すらあまりありません。捕らないと話しにはなりませんが、基本的には投げることの重要性を考えているために、メインは捕るではなく投げるということになります。

ざっと説明しましたが、ご理解いただけたでしょうか？

ただ捕る瞬間の形を無造作に言っただけでは伝わりきらず、ましてや誰かがやっているのを見た感じそのままで説明するのは根本的に間違いを押し通すことになりかねません。技術を伝えるということは思っている以上に安易ではなく、自分がやってみてもいないことを伝えるということは現実的に不可能に近いことです。

また、正面で捕るということも昔はしきりに言われました。バックハンドなんてとんでもない。横向きのような形で捕りに行って失敗なんかしようものなら「正面に入れ！　横着すんな！」そんな声が飛んできたものです。

しかし、実際はバックハンドも体の正面で捕っており、グラブ側に飛んだ打球に対しても足が踏み出されていれば実は体の正面。横着というよりも、スローイングまでの合理性を考えたら、正面よりもむしろそちらのほうがいい。失敗したときにいいわけがつくかどうかではなく、アウトを取るための選択をしたかどうかのほうが重要。慣れていないだけで普段から練習していれば、ある程度の感覚までは身につきます。子供の頃からやっていればなおのこと。技術というのは合理性でもあると言えるのです。

「基本に忠実に」

こんな言葉も言ってしまいがちです。

しかし、まず基本とは何を指しているのかが重要になってきます。

「基本というのは要するに、う〜ん……」

言わずともわかっているだろうという先入観から思わず言ってしまいがちですが、言った本人がわかっていない場合も少なくありません。言った本人が具体的に説明出来ないのですから、選手に間違って解釈されても不思議ではないということ。

そもそも基本ということを定義付けすることは難しく、応用がほとんどである野球においては一概に「こうだ」という説明がつきにくい。したがって、基本という言葉で覆ってしまっている部分をその状況に応じて具体的に説明していかなければ、指導者側が言わんとしていることは伝わりにくい。おそらく「基本」と言っている部分を最も伝えたいのでしょうから、しっかりと説明すべきなのです。

「昔はそれですんだのに」

たしかに昔は指導と言ってもそれで終わりでした。でも、ちゃんと説明してくれる人がいたならば、そちらのほうがいいに決まっている。ただ単に、説明出来る人がそのときいなかっただけ。言ってみれば昔はそれで逃げることも出来たわけです。

しかし、昔はどうしてそんな指導になってしまったのか？

一つは技術が広まっていなかった。科学的な解明もなされていなかったこともあり、プロの人たちも技術の説明が難しかったのでしょう。ですから、感覚と実際の動きを客観的に見た違いがわからなかったということが言えます。

もう一つはボキャブラリーの違い。

現代の表現方法は様々であり、言葉の使い方も多種多様です。そのため、近い表現や上手な比喩の仕方が見つかりやすく、子供に伝えるときもわかりやすい言葉が浮かんでくる。結局、時代が進めばいろいろな進化が起こり、これまでよしとされてきたことが否定されるということもあります。ひょっとすると、ここで説明している私の話も何年後かには否定されているかもしれません。それはそれで結構なこと。本当の技術が解明され、より多くの人が上手に出来るようになることのほうが大切です。

そういった進化がスポーツを発展させていくのです。

「楽しむ」と「エンジョイ」は同じではない

「楽しめ」

最近はこんな言葉をかける人が増えました。

スポーツを楽しむ。とてもいいことです。特に子供たちの健全な心と体を作り出す手段としてスポーツは最も利用価値のあるアイテムであり、スポーツに取り組む楽しさや仲間との時間は、家庭や学校では学べないことなどがたくさん詰まっています。

しかし、この「楽しむ」という意味。おそらく英語の「ｅｎｊｏｙ」を日本語に直訳したものだと思いますが、楽しむということがどういうことなのかが勘違いされているように思います。たしかに、楽しいという思いを持ってスポーツに触れることはとても大事なことです。特にスポーツ離れ、運動離れが懸念される昨今ですから、子供たちにはとにかくスポーツに触れてほしいと個人的にも願っています。

しかし、そういった考え方は、「深くのめり込むほどではない」というレベルの習い事などの場合に言える話で、勝敗をかけた真剣勝負の中ではまったく当てはまりません。

「楽しむ＝ｅｎｊｏｙ」

「楽しむ＝笑う」

そう捉えられていることがほとんどです。

例えば、最近では高校野球でも、ピンチのときにマウンドに集まって選手みんなでにこにこし合っているような光景をよく目にします。ベンチが映れば監督もにこにこ。野球の試合中にピンチでにこにこ笑っているのは、おそらく世界中どこを探しても日本くらいのものでしょう。笑うことはリラックス。笑うことは楽しんでいるということの証だと思っているからでしょう。

しかし、はたしてピンチは楽しいでしょうか。ピンチで真剣な顔をしているから、つまらないということになるのでしょうか。

たしかに笑うことにはリラックス効果があるとは言われます。大事な場面で余計な力が入ることもよくはありません。しかし、相手に対峙するにあたっては力も入れなければなりませんし、闘争心もなくてはならない。ピンチでニコニコして打たれてしまって「ああ打たれちゃった（笑）」で済まされていいはずがありません。勝負事ですから、お互いチャンスやピンチの「山」があり、その「山」を冷静に判断したり、実力を発揮して打開したりということが成長にも繋がります。にこにこするなとは言いませんが、笑ってごまかすという意味合いにならないように気をつけるべきです。

そもそも、私はかねてから「楽しむ」という意味が日本では誤解されていると感じていました。これまで多くの国際試合やアメリカの選手たちの振る舞いを見ていても、日本人が抱いている「楽しむ」とアメリカのそれとは少し違っています。

私は2010年に、アメリカ独立リーグのアトランティックリーグに加盟するランカスター・バーンストーマーズに入団したのですが、そこでプレーをしていて思ったことは、気持ちを入れるスイッチのオンとオフの入れ替えが、欧米人は非常に上手いということ。

さっきまでロッカーでトランプをしたり、ふざけ合って大笑いしていた選手たちがいざグランドに出るとなると表情を一変させ、集中した表情になる。いざ試合となれば「さあやるぞ」と声を掛け合う。ピンチになればより集中し、点が入れば雄叫びを上げるように喜ぶ。彼らの姿はたしかに野球を楽しんでいると感じますが、表現を変えれば「野球を満喫」している。体じゅうで野球をしている喜びや勝つこと、ピンチを乗り切るということの充実感を感じている。試合が始まれば真剣勝負。その中には緩んだ楽しみ方や笑って乗り切ろうなどという甘い考えはありません。

私が感じる「ｅｎｊｏｙ」とは、その場にいられる充実感や戦うチャンスがあることへの喜び、緊張感といったことを実感することが本当の意味であって、「笑う」という行為そのものではなく、その充実感からくる自然な笑顔こそが、本当の表情であると思っています。

大事な試合だからと深刻な表情をせず、失敗をしたからといって落ち込むのではなく、常に前向きに物事を捉える。こういったことすべてがｅｎｊｏｙには込められており、楽しむという言葉だけで安易に片付けてしまうのは勘違いを引き出すことになるのです。

そうした中、私が監督を務めた「第3回U―12ワールドカップ」（２０１５年7～8月）の優勝チームはアメリカでした。セレクトされた選手たちは素晴らしい能力と結集したチーム力を見せつけました。

このアメリカチーム、他の国と格段に違う部分が他にもあります。

それは、グラウンド内での「規律の厳しさ」。

練習中の私語は一切なく、監督の合図で選手たちはすぐさま動く。練習が終われば監督の「行くぞ」の合図でさっと引きあげる。ところが食事中にはリラックス。子供らしい一面も見せ、やはり12歳だと感じることもあります。ただ、大声で騒いだり、周りに迷惑をかけるようなことはなく、そこでもしっかりとした教育がなされているのだということを感じさせられました。この姿には本当に敬服しました。監督の差だと言われればそうだとも言えます。日本人の印象からすると、アメリカ人はいつもリラックスしていて楽しそうに見える。ノリがよくてフレンドリー。そんな印象です。

しかし彼らの姿を見ていると、一概にそれだけではないことがわかります。すべての面で私たちがイメージする「アメリカンスタイル」というわけでもありません。彼らにはしっかりと規律がしみ込んでおり、「やるべき時」と「抜くべき時」をわきまえて考えているのです。子供たちを率いるということにおいては特に考えさせられました。

指導することにおいてはどんなカテゴリーでも教育と競技の指導が存在します。ただ、その比率は年齢によって変わり、年齢が低ければ教育の割合が多くなり、年齢が上がれば逆に競技に対する指導の割合が多くなります。

したがって、U－12となればほとんどが教育。野球の指導にまで至らないというのが現実です。親御さんや指導者の方々に関しては前述しましたが、他の国を含めて思うことは、「親にとっていい子」ではなく、「他人にとっていい子」でなくてはならないということ。もちろん、家庭内でめちゃくちゃではいけませんが、外へ行って恥ずかしくない子供が他人の評価になるのだと感じています。

例を出して申し訳ないのですが、ある国のチームの子供たちはホテル内では大騒ぎ、廊下や部屋でも構わずヒマワリの種をペッペッと吐き捨てる始末。ベンチは汚いし、ゴミなど拾おうともしない。挨拶など出来るわけもなく、周りを気遣うこともちろん出来ない。

こうした行き届かない教育に比べると、日本の教育はまだまだ高い評価を受ける可能性を持っており、他国には出来ない、いい意味での躾を施せるものだと感じています。

技術が「ある」「ない」に関わらず、やるべきことは自分でやらせる。上手くなるために努力し、勝つためには我慢もする。そして上手、下手に関係なく一生懸命プレーをする。

苦しさがなければ楽しさもやっては来ません。

一生懸命プレーした後に振り返って考えると、「楽しむ」ということの意味がわかると思います。

「見えないファインプレー」はモニターに映らない

U—12というカテゴリーに携わらせてもらいながら、指導の根本をもう一度考えさせられています。

子供とはどういう存在なのか、その子供たちに自分は一人の大人として、一人の野球人としてどう接するべきなのか、どんな教育が出来て、どんな結末を目的とするのか——。

子供たちにはそれぞれ色があり、その子供たちによってチームの色も変わります。真面目な子が多ければそちらに流れ、やんちゃな子が多ければそちらに流れる。簡単に言えばどちらの比率が大きいかで色が決まる。もちろん、やんちゃな子がいないことなど皆無に近く、必ず始めはなんらかの問題や難題にぶち当たることになります。

しかし、その都度どんな対応が出来るのかということは自分自身にとっても毎回未知な部分であり、どんな自分が出て来るのか、あるいはどんな導き方が出来るのかということは、楽しみな部分でもあるのです。間違いのない言葉を選び、どのくらいの厳しさと甘さを含めるべきなのかを考えながら、子供たちの前に立つことが私にとって最大の学びになります。

前述しましたが、子供たちというのはあくまでもこれから育っていく段階にあり、人間としてはまだ始まったばかりです。少々問題が起こることも、決まりが守りきれないということも、ある程度は計算済みです。

一方で、想定外を起こすことも子供ならでは。その対応に毅然とした冷静な態度で接することが私たちには求められます。もし自分がこの子の親だとしたらどうするだろうかと考えたり、逆に親ではないから出来る対応を考えたりする必要に迫られるときもあります。親ではないけれども、親の心を持った対応。子供たちの今後にはどんな言葉と躾が必要なのかということの判断が求められると思っています。

子どもたちは「人間として」も「野球選手として」も始まったばかり。いくら代表チームに入るような資質を持っていると言っても所詮は12歳の子供。大人と同じようにはいくわけがありません。ですから、私はいつも、彼らは「出来ない」ものだと思っています。ボールを投げれば暴投もするだろうし、打球が飛べばエラーもする。打ちたい気持ちはあってもバットには当たらない。そんなことは当たり前なのだと思って子供たちを見ています。期待をしていないというわけではなく、思うように出来ない中で、出来たことを素直に褒めてあげたいのです。

前提として「出来ない」と思っているので、失敗に腹が立つということもまずありません。考えてみれば、それが当たり前なのかもしれません。少年野球で怒鳴っている指導者の話もしましたが、やっているのは子供だと思っていればそんな感情になるはずはなく、さらに自分が出来るのかどうかを含めて考えれば、なおのこと怒鳴る理由などありません。

子供だから出来ない。

出来ないから子供。

それで十分だと思っています。一方で、子どもだからといってもやらなくてはならないことや、出来ることは当然あります。先ほど「少々の失敗は想定している」という意味のことを言いましたが、最終的には決まりは守らせなければなりません。躾以前に懸念すべきことが、現実にたくさんあるのです。

特に、海外では治安の問題もありますから、時間を守るということは団体行動において絶対に必要なこと。危険を回避するという意味でも、そういったルールの重要性は理解させなければなりませんし、実際に守らせなければなりません。

また、野球においても技術以外でやるべきことは口うるさく言います。最低限のマナーや、仲間を思う気持ち、積極的な姿勢や率先した行動――。こうしたことの重要性はしつこく言っているつもりです。

だから重い荷物もあえて子供自身に運ばせます。「いつも大人がどうにかしてくれる」という環境から、子どもたちが少しでも早く脱皮出来るようにという思いからです。

国際試合で海外生活に慣れることが出来ず、バイキング形式でも食事が合わない子もいます。しかし、アレルギーでない限りその場にはそれしか食べ物がないと言い聞かせ、食べられるものを見つけながら食事をさせます。それにより、いつもお母さんやお父さんが作ってくれる食事のありがたみを感じる子供も少なくありません。

海外遠征の意味というのは、実はこういったところに表れるのです。親元を離れ、出来ることは自分でする。やってはいけないこととやらなければならないことを、仲間との共同生活から学び、積極的な行動と自制する精神を学ぶことが出来るのです。

U―12の活動は短期間ではありますが、その期間の中で少しでも成長させることを考えなければなりません。将来有望な選手は「私生活でもさすがだ」と言われるように、侍ジャパンの肩書がついた選手には、いつも輝いていてほしいという思いもあります。

いつかU―12の子供が、U―15、U―18、さらには大学や社会人、最後はトップチームと、全カテゴリーのジャパンのユニフォームを着る選手が表れてくれることを望んでいます。選手としても人間的にも尊敬される。そんな選手が一人でも多く輩出出来ればと思っています。

世界における日本の野球。

これからの大きなテーマです。

現役の選手たちが輝けるように、将来を担う世代がさらに輝けるように。ＯＢとなった私たちが、様々な角度から微力でも出来ることを行っていきたいと思っています。

ファンの方々が生み出すファインプレー

本書では「見えないファインプレー」というテーマでお話ししてきましたが、野球界のみならず、組織や社会が形作られているのは、ほとんどが見えにくい努力の賜物です。人目につく派手な場面というのはあくまでもその結晶。最後に何が作られたかも大事なことですが、その過程はもっと大事。プロセスこそが成功のカギです。

野球界もこれからどうしていくのか、どうするべきなのかが今、試されています。少子化に伴い、野球をする子供の減少も著しくなってきています。個人的には、子供たちがスポーツを通して健全であってくれさえすればいいと思っているのですが、やはり野球界の将来を考えれば、何かしら今以上の形を作り上げなければなりません。5年後、10年後、またその先のために私自身が今出来ることを行っていきたいと思います。

これまで野球界を支えてくれたファンの方々。
これからも野球界を支えてくれるファンの方々。

一人ひとりのお顔までは見えませんが、結集されたその力は何よりも強大で強力なものです。その力こそが今後の大きな糧、その力をくれることこそが「ファインプレー」ではないでしょうか。

選手たちのファインプレーはファンのファイプレーによって生み出されているといっても過言ではありません。

今後も野球界を支えていただきながら、私たちもなお一層の野球界になるよう努力していきたいと思っています。

著者略歴

仁志敏久（にし・としひさ）

1971年茨城県生まれ。常総学院高校では甲子園に3度出場。早稲田大学では主将として、主に遊撃手として活躍。日本生命を経て、1995年にドラフト2位で読売ジャイアンツに入団。1996年に新人王をはじめ、ゴールデングラブ賞を4回獲得するなど、二塁手として活躍。2007年に横浜ベイスターズ（現、DeNAベイスターズ）へ移籍。2010年に米独立リーグ・ランカスターへ移籍、同年引退。現在は、野球評論家として「すぽると」をはじめテレビ、ラジオでの解説、雑誌等での寄稿を行う。また、指導者としてジュニア世代育成、講演会などを積極的に行う。2014年8月にU12全日本代表監督に就任。2015年7月には第1回WBSCプレミア12の日本代表内野守備・走塁コーチに就任。著書に『プロフェッショナル』（祥伝社）、『反骨』（双葉社）など多数。

SB新書　324

プロ野球《やきゅう》 見《み》えないファインプレー論《ろん》

2015年12月15日　初版第1刷発行

著　者　仁志敏久《にしとしひさ》

発行者　小川 淳

発行所　SBクリエイティブ株式会社
〒106-0032　東京都港区六本木2-4-5
電話：03-5549-1201（営業部）

装　幀　長坂勇司（nagasaka design）

組　版　竹崎真弓（ループスプロダクション）

企画協力　株式会社フォロースルー

編集協力　浮島さとし、金丸信丈・大井隆義（ループスプロダクション）

印刷・製本　大日本印刷株式会社

ISBN 978-4-7973-8494-9